Dieter Nührmann

Kleines Nachschlagewerk für den Hobby-Elektroniker

Zahlen, Tabellen, Daten

Mit 65 Abbildungen

Franzis'

Nr. 206 der RPB electronic-taschenbücher

CIP-Kurztitelaufnahme der Deutschen Bibliothek

Nührmann, Dieter:
Kleines Nachschlagewerk für den Hobby-Elektroniker: Zahlen, Tab., Daten / Dieter Nührmann. – München: Franzis, 1987.
(RPB electronic-taschenbücher; Nr. 206)
ISBN 3-7723-2061-9
NE: GT; HST

Satz: Franzis-Druck GmbH, Karlstraße 35, 8000 München 2.
Druck: Hablitzel & Sohn GmbH, 8060 Dachau.
Printed in Germany · Imprimé en Allemagne.

ISB N 3-7723-2061-9

Einleitung

Die vorliegenden Daten und Tabellen helfen dem Praktiker bei seiner täglichen Arbeit. Die Themen gliedern sich auf in die fünf Hauptgebiete:

1. Zahlen, Tabellen, Daten der Mathematik
2. Codierung von Bauteilen, Schaltzeichen, Bezeichnungen
3. Nomogramme
4. Daten und Abmessungen von elektrischen Bauelementen und aus der Mechanik
5. Frequenzbereiche und Daten im Funkverkehr.

Weiterführende Tabellen in dieser Form sind im RPB 207 enthalten, aufgeteilt in die Gebiete:

1. Formeln der Wechselstrom- und Gleichstromtechnik
2. Grundschaltungen der Digitaltechnik
3. Kennzeichnung von Halbleiterelementen, Herstellercode sowie Farbcode von Dioden und Daten von Elektronenstrahlröhren
4. Klemmenbezeichnungen im KFZ
5. Nomogramme der Wechselstrom- und HF-Technik
6. Dezibelwerte und Pegelrechnungen
7. Spezielle Daten und Einsatzgebiete von passiven Bauelementen
8. Daten von Leitersystemen – Daten der Printplatte
9. Grundschaltungen von Transistoren und Operationsverstärkern
10. Stecker und Buchsenanschlüsse

Die Unterlagen stammen im wesentlichen aus dem „Großen Werkbuch Elektronik“ des Franzis-Verlages, welches als weiterführende Literatur für den Praktiker auch empfohlen sein soll. Für Anregungen und Hinweise sind der Verlag und der Autor jederzeit dankbar.

Dieter Nührmann

Wichtiger Hinweis

Die in diesem Buch wiedergegebenen Schaltungen und Verfahren werden ohne Rücksicht auf die Patentlage mitgeteilt. Sie sind ausschließlich für Amateur- und Lehrzwecke bestimmt und dürfen nicht gewerblich genutzt werden*).

Alle Schaltungen und technischen Angaben in diesem Buch wurden vom Autor mit größter Sorgfalt erarbeitet bzw. zusammengestellt und unter Einschaltung wirksamer Kontrollmaßnahmen reproduziert. Trotzdem sind Fehler nicht ganz auszuschließen. Der Verlag und der Autor sehen sich deshalb gezwungen, darauf hinzuweisen, daß sie weder eine Garantie noch die juristische Verantwortung oder irgendeine Haftung für Folgen, die auf fehlerhafte Angaben zurückgehen, übernehmen können. Für die Mitteilung eventueller Fehler sind Autor und Verlag jederzeit dankbar.

---

*) Bei gewerblicher Nutzung ist vorher die Genehmigung des möglichen Lizenzinhabers einzuholen.

Inhalt

1 Zahlen, Tabellen, Daten, Mathematik

1.1 Römische Ziffern

I	= 1	VI	= 6	XX	= 20	LXX	= 70	CC	= 200
II	= 2	VII	= 7	XXX	= 30	LXXX	= 80	CCC	= 300
III	= 3	VIII	= 8	XL	= 40	XC	= 90	CD	= 400
IV	= 4	IX	= 9	L	= 50	XCIX	= 99	D	= 500
V	= 5	X	= 10	LX	= 60	C	= 100	DC	= 600

DCC	= 700	M	= 1000
DCCC	= 800	MCC	= 1200
CM	= 900	MCD	= 1400
CMXC	= 990	MDCC	= 1700
CMXCIX	= 999	MM	= 2000

Beispiele:

1849 = MDCCCXLIX aus: 1000 = M + 800 = DCCC + 40 = XL + 9 = IX
1962 = MCMLXII aus: 1000 = M + 900 = CM + 60 = LX + 2 = II
1987 = MCMLXXXVII aus: 1000 = M + 900 = CM + 80 = LXXX + 7 = VII

Steht ein kleineres Zahlzeichen hinter einem größeren, so wird es dem größeren zugezählt (XI = 11), steht es vor einem größeren, so wird es abgezogen (IX = 9).
Eingeklammerte Angaben sind nicht regelgerecht (DIN 1301; § 6 GEM)

1.2 Griechisches Alphabet

Buchstabe Name	Buchstabe entspricht	großer Buchstabe	Bedeutung nach DIN 1302, DIN 1304, DIN 1344 u. a.	kleiner Buchstabe	Bedeutung nach DIN 1302, DIN 1304, DIN 1344 u. a.
alpha	a	Α		α	Winkel; Dehnungskoeffizient; Dämpfungskonst.
beta	b	Β		β	Winkel; Schubkoeffizient; Phasenkonstante
gamma	g	Γ		γ	Winkel; Wichte; Fortpflanzungskonstante
delta	d	Δ	Differenz	δ	Variation; Verlustwinkel; Abklingkonst.
epsilon	ě	Ε		ε	Dehnung; Dielektrizitätskonst.
zeta	z	Ζ		ζ	
eta	ē	Η		η	dyn. Viskosität; Wirkungsgrad
theta	th	Θ	El Durchflutung; Massenträgheitsmoment; absolute Temperatur	ϑ	Temperatur
jota	i	Ι		ι	
kappa	k	Κ		ϰ	el. Leitfähigkeit; magnetische Suszeptibilität
lambda	l	Λ	magn. Leitwert; Äquivalentleitf.	λ	Wellenlänge; Wärmeleitfähigk.
my	m	Μ		μ	Mikron; Permeabilität; Poissonzahl; Reibungszahl; Brechungsindex
ny	n	Ν		ν	Frequenz; kinemat. Viskosität
xi	x	Ξ		ξ	
omikron	ŏ	Ο		ο	
pi	p	Π	Produkt	π	3,14159...
rho	rh	Ρ		ϱ	Dichte; spez. el. Widerstand; Resonanzschärfe
sigma	s	Σ	Summe	σ	Zug-, Druckspannung; Flächenladungsdichte
tau	t	Τ		τ	Schub-, Scherspannung; Zeit,- konstante
ypsilon	y	Υ		υ	
phi	ph	Φ	Lichtstrom; magn. Induktionsfluß	φ	Ableitung Phasenwinkel
chi	ch	Χ		χ	
psi	ps	Ψ	magn. Induktionsfluß	ψ	
omega	ō	Ω	(Ohm) Raumwinkel; Winkelgeschwindigkeit	ω	Raumwinkel; Winkelgeschwindigkeit; Kreisfrequenz

1.3 Bezeichnung von Vielfachen und Teilen der Maßeinheiten

Eingeklammerte Angaben sind nicht regelgerecht (DIN 1301; § 6 GEM)

Bezeichnung	Abkürzung	Zehnerpotenz	Zahlenwert
–	–	10^{27}	Quadrilliarde (USA: octillion)
–	–	10^{24}	Quadrillion (USA: septillion)
–	–	10^{21}	Trilliarde
–	–	10^{18}	Trillion (USA: quintillion)
–	–	10^{15}	Billiarde (USA: quadrillion)
Tera-	T	10^{12}	Billion (USA: trillion *))
Giga-	G	10^{9}	Milliarde (USA: billion *))
Mega-	M	10^{6}	Million
(Myria-)	(ma)	10^{4}	Zehntausend
Kilo	k	10^{3}	Tausend
Hekto-	h	10^{2}	Hundert
Deka-	da	10^{1}	Zehn
–	–	10^{0}	Eins
Dezi-	d	10^{-1}	Zehntel
Zenti-	c	10^{-2}	Hundertstel
Milli-	m	10^{-3}	Tausendstel
Mikro-	μ	10^{-6}	Millionstel
Nano-	n	10^{-9}	Milliardstel
Pico-	p	10^{-12}	Billionstel
Femto-	f	10^{-15}	Billiardstel
Atto-	a	10^{-18}	Trillionstel

*) auch in Frankreich, Italien und Spanien gebräuchlich.

1.4 Konstanten aus der Physik

Bezeichnung der Konstanten	Formelzeichen	Zahlenwert	Einheit
Atomare Masseneinheit	u	$1{,}6605655 \cdot 10^{-24}$	g
Bohrscher Bahnradius des Wasserstoffatoms	r	$5{,}292 \cdot 10^{-11}$	m
Elektronenradius (klassisch)	r_o	$2{,}82 \cdot 10^{-15}$	m
Ruhemasse des Elektrons	m_e	$9{,}109534 \cdot 10^{-24}$	g
Ruhemasse des H-Atoms	m_H	$1{,}6734 \cdot 10^{-24}$	g
Ruhemasse des Protons	m_P	$1{,}6726485 \cdot 10^{-24}$	g
Ruhemasse des Neutrons	m_N	$1{,}6749543 \cdot 10^{-24}$	g
Ruheenergie des Elektrons	(We) o	$5{,}11 \cdot 10^{5}$	eV
Ruheenergie des Protons	(Wp) o	$9{,}38 \cdot 10^{8}$	eV
Ruhemasse des H-Atoms	m_H	$1{,}6734 \cdot 10^{-24}$	g
Ruhemasse des Deuterons	m_D	$3{,}3429 \cdot 10^{-24}$	g
spezifische Ladung des Protons	$\frac{e}{m_P}$	$9{,}57929 \cdot 10^{4}$	$\frac{A \cdot s}{g}$
spezifische Ladung des Elektrons	$\frac{e}{m_E}$	$1{,}75888 \cdot 10^{9}$	$\frac{A \cdot s}{g}$
Absolute Dielektrizitätskonstante (Vakuum)	ϵ_o	$8{,}85418782 \cdot 10^{-12}$	$\frac{F}{m}; \frac{A \cdot s}{V \cdot m}$
magnetische Feldkonstante absolute Induktionskonstante (Vakuum)	μ_o	$1{,}25663706 \cdot 10^{-6}$	$\frac{H}{m}; \frac{V \cdot s}{A \cdot m}$
Lichtgeschwindigkeit (Vakuum)	c_o	$2{,}99792458 \cdot 10^{8}$	$\frac{m}{s}$
Wellenwiderstand des leeren Raumes (Vakuum)	R'	$\sqrt{\frac{\mu_o}{\epsilon_o}} = 376{,}73\cdot$	Ω
Elektrische Elementarladung	e	$1{,}6021892 \cdot 10^{-19}$	$A \cdot s = C$
Faraday-Konstante	F	$9{,}648456 \cdot 10^{4}$	$\frac{C}{mol}$
Boltzmann-Konstante	K	$1{,}380662 \cdot 10^{-23}$	$\frac{W \cdot s}{K}$
Stefan-Boltzmann-Konstante	σ	$5{,}67032 \cdot 10^{-8}$	$\frac{W}{m^2 \cdot K^4}$
Compton-Wellenlänge des Elektrons	λ_c	$0{,}2426 \cdot 10^{-9}$	m

Bezeichnung der Konstanten	Formelzeichen	Zahlenwert	Einheit
Rhydberg-Frequenz	R_y	$3{,}2899 \cdot 10^{15}$	$\frac{1}{s}$
Absoluter Nullpunkt der thermodynamischen Temperatur	t_o	$-273{,}16$	^oC
Avogadro–Konstante	Na	$6{,}022045 \cdot 10^{23}$	$\frac{1}{mol}$
Avogadrosche Zahl	$\frac{1}{Vo}$	$2{,}6872 \cdot 10^{19}$	$\frac{1}{cm^3}$
Fallbeschleunigung	g	$9{,}80665$	$\frac{m}{s^2}$
Gravitationskonstante	γ	$6{,}672 \cdot 10^{-14}$	$\frac{m^3}{g \cdot s^2}$
Loschmidt-Konstante	N_L	$2{,}686754 \cdot 10^{25}$	$\frac{1}{m^3}$
Loschmidtsche Zahl	L	$6{,}0249 \cdot 10^{23}$	$\frac{\text{Moleküle}}{\text{mol}}$
Absolute Dielektrizitätskonstante (Vakuum)	$\frac{F}{m}; \frac{A \cdot s}{V \cdot m}$	$8{,}85418782 \cdot 10^{-12}$	ε_o

1.5 Das periodische System der Elemente

(letzte Ziffer der rel. Atommasse ist aufgerundet)

Periode	Gruppe I	Gruppe II	Gruppe III	Gruppe IV	Gruppe V	Gruppe VI	Gruppe VII	Gruppe VIII
1	1H 1,0080							2He 4,003
2	3Li 6,940	4Be 9,013	5 B 10,82	6 C 12,011	7 N 14,008	8 O 16	9 F 19,00	10 Ne 20,183
3	11 Na 22,991	12 Mg 24,32	13 Al 26,98	14 Si 28,09	15 P 30,975	16 S 32,066	17 Cl 35,457	18 Ar 39,944
4	19 K 39,100	20 Ca 40,08	21 Sc 44,96	22 Ti 47,90	23 V 50,95	24 Cr 52,01	25 Mn 54,94	26 Fe 27 Co 28 Ni 55,85, 58,94, 58,71
4	29 Cu 63,54	30 Zn 65,38	31 Ga 69,72	32 Ge 72,60	33 As 74,91	34 Se 78,96	35 Br 79,916	36 Kr 83,80
5	37 Rb 85,48	38 Sr 87,63	39 Y 88,92	40 Zr 91,22	41 Nb 92,91	42 Mo 95,95	43 Tc 99	44 Ru 45 Rh 46 Pd 101,1 102,91 106,4
5	47 Ag 107,880	48 Cd 112,41	49 In 114,82	50 Sn 118,70	51 Sb 121,76	52 Te 127,61	53 J 126,91	54 Xe 131,30
6	55 Cs 132,91	56 Ba 137,36	57 La (58–71) 138,92	72 Hf 178,50	73 Ta 180,95	74 W 183,86	75 Re 186,22	76 Os 77 Ir 78 Pt 190,2 192,2 195,09
6	79 Au 197,00	80 Hg 200,61	81 Tl 204,39	82 Pb 207,21	83 Bi 209,00	84 Po 210,0	85 At 210	86 Rn 222
7	87 Fr 223	88 Ra 226,05	89 Ac (90 . . .) 227					

6	58 Ce 140,13	59 Pr 140,92	60 Nd 144,27	61 Pm 145	62 Sm 150,35	63 Eu 152,0	64 Gd 157,26	65 Tb 158,93	66 Dy 162,51	67 Ho 164,94	68 Er 167,27	69 Tm 168,94	70 Yb 173,04	71 Lu 174,99
7	90 Th 232,05	91 Pa 231	92 U 238,07	93 Np 237	94 Pu 242	95 Am 243	96 Cm 245	97 Bk 249	98 Cf 249	99 Es 254	100 Fm 255	101 Md 256	102 No 253	

Elektron	Ladung e	$= 1{,}602 \cdot 10^{-19}$ As
	Masse m	$= 9{,}109 \cdot 10^{-28}$ g
Positron	Ladung e =	siehe Elektron
	Masse m =	
Proton	Ladung e	$= 1{,}602 \cdot 10^{-19}$ As
	Masse m	$= 1{,}672 \cdot 10^{-24}$ g
Neutron	Masse m	$= 1{,}675 \cdot 10^{-24}$ g

1.6 Atomgewicht (A) und Ordnungszahl (Z) der Elemente

Umrechnungsfaktor der hier angegebenen chemischen Atomgewichte in die physikalischen ist 1,000275.

Element	Kürzel	A	Z
Aktinium	Ac	227	89
Aluminium	Al	26,98	13
Americum	Am	243	95
Antimon	Sb	121,76	51
Argon	Ar	39,944	18
Arsen	As	74,91	33
Astatin	At	210	85
Barium	Ba	137,36	56
Berkelium	Bk	249	97
Beryllium	Be	9,013	4
Blei	Pb	207,21	82
Bor	B	10,82	5
Brom	Br	79,916	35
Caesium	Cs	132,91	55
Californium	Cf	249	98
Chlor	Cl	35,457	17
Chrom	Cr	52,01	24
Curium	Cm	245	96
Dysprosium	Dy	162,51	66
Einsteinium	Es	254	99
Eisen	Fe	55,85	26
Erbium	Er	167,27	68
Europium	Eu	152,0	63
Fermium	Fm	255	100
Fluor	F	19,00	9
Francium	Fr	223	87
Gadolinium	Gd	157,26	64
Gallium	Ga	69,72	31
Germanium	Ge	72,60	32
Gold	Au	197,00	79
Hafnium	Hf	178,50	72
Helium	He	4,003	2
Holmium	Ho	164,94	67
Indium	In	114,82	49
Iridium	Ir	192,2	77
Jod	J	126,91	53
Kadmium	Cd	112,41	48
Kalium	K	39,100	19
Kalzium	Ca	40,08	20
Kobalt	Co	58,94	27
Kohlenstoff	C	12,011	6
Krypton	Kr	83,80	36
Kupfer	Cu	63,54	29
Lanthan	La	138,92	57
Lithium	Li	6,940	3
Lutetium (Kassiopeium)	Lu	174,99	71
Magnesium	Mg	24,32	12
Mangan	Mn	54,94	25
Mendelevium	Md	256	101
Molybdän	Mo	95,95	42
Natrium	Na	22,991	11

Element	Kürzel	*A*	*Z*
Neodym	Nd	144,27	60
Neon	Ne	20,183	10
Neptunium	Np	237	93
Nickel	Ni	58,71	28
Niobium	Nb	92,91	41
Nobelium	No	253	102
Osmium	Os	190,2	76
Palladium	Pd	106,4	46
Phosphor	P	30,975	15
Platin	Pt	195,09	78
Plutonium	Pu	242	94
Polonium	Po	210,0	84
Praseodym	Pr	140,92	59
Promethium	Pm	145	61
Protaktinium	Pa	231	91
Quecksilber	Hg	200,61	80
Radium	Ra	226,05	88
Radon	Rn	222	86
Rhenium	Re	186,22	75
Rhodium	Rh	102,91	45
Rubidium	Rb	85,48	37
Ruthenium	Ru	101,1	44
Samarium	Sm	150,35	62
Sauerstoff	O	16	8
Scandium	Sc	44,96	21
Schwefel	S	32,066	16
Selen	Se	78,96	34
Silber	Ag	107,88	47
Silizium	Si	28,09	14
Stickstoff	N	14,008	7
Strontium	Sr	87,63	38
Tantal	Ta	180,95	73
Technetium	Tc	99	43
Tellur	Te	127,61	52
Terbium	Tb	158,93	65
Thallium	Tl	204,39	81
Thorium	Th	232,05	90
Thulium	Tm	168,94	69
Titan	Ti	47,90	22
Uran	U	238,07	92
Vanadium	V	50,95	23
Wasserstoff	H	1,0078	1
Wismut	Bi	209,00	83
Wolfram	W	183,86	74
Xenon	Xe	131,30	54
Ytterbium	Yb	173,04	70
Yttrium	Y	88,92	39
Zer	Ce	140,13	58
Zink	Zn	65,38	30
Zinn	Sn	118,70	50
Zirkonium	Zr	91,22	40

1.7 Gesetzliche und überholte Einheiten der Elektrotechnik (alphabetisch)

Meßgröße	Formelzeichen	SI-abgeleitete Einheit	≙ früher gebräuchliche Einheit
El.-menge, Ladung	Q	1 C=1 As (Coulomb)	–
Feldstärke, el.	E	1 V/m (Volt/Meter)	–
Feldstärke, magn.	H	1 A/m (Ampere/Meter)	1 Oe=4 $\pi \cdot 10^{-3}$ A/m (Oersted)
Fluß, magnetischer	Φ	1 Wb=1 Vs (Weber)	1 M=10^{-8} Wb (Maxwell)
el. Flußdichte	D	1 C/m²=1 As/m²	–
magn. Flußdichte, Induktion	B	1 T=1 Wb/m² (Tesla) =1 Vs/m²	1 G=10^{-4} T (Gauß)
Induktivität	L	1 H=1 Wb/1 A (Henry)	1 int. H=1,00049 H
Kapazität	C	1 F=1 C/1 V (Farad)	1 int. F=1/1,00049 F
Leistung, el.	P	1 W=1 J/s (Watt; Joule) =1 V · 1 A=1 Nm/s	1 PS=735,49875 W
Leitfähigkeit, el.	$\varkappa$, γ, σ	1 S/cm=1/Ωcm (Siemens)	–
Leitwert, el.	G	1 S=1/Ω (Siemens)	–
Spannung, el.	U	1 V=1 W/1 A (Volt)	1 int. V=1,00034 V
Spannung, magnetom., Durchflutung H · l H · 1	Θ	1 A (Ampere)	1 Gb=2,5 A (Gilbert) Amperewindungszahl Aw=I · n
Stromstärke	I	1 A (≙ 1 C/s) (Ampere)	int. und abs. Ampere
Widerstand, el.	R	1 Ω (=1 V/1 A) (Ohm)	1 int. Ohm=1,00049 Ω
Widerstand, spez.	ϱ	1 Ωcm	–
Beleuchtungsstärke	E	1 lx=1 lm/m² (Lux)	1 Phot=10³ lx
Leuchtdichte	L	1 cd/m² (Candela)	1 sb=10⁴ cd/m² (Stilb) 1 asb=1 cd/πm² (Apostilb)
Lichtstärke	I	1 cd (Basiseinheit Candela)	1 HK=0,903 cd (Hefner-K.) 1 IK=1,019 cd (Int. Kerze)
Lichtstrom	Φ	1 lm (=1 cd · 1 sr) (Lumen)	[1 sr=Steradiant=m²/m²]
Aktivität, radioakt.		1/s=s^{-1} (Sekunde)	1 Ci=37 · 10^9/s (Curie)
Energiedosis	D	1 J/kg (Joule/kg Luft)	1 rd=0,01 J/kg (Rad)
Äquivalentdosis	D		1 rem=0,01 J/kg (Rem)
-leistung, -rate	$\dot{D}$	1 W/kg (Watt/kg Luft)	–
Ionendosis	J	1 C/kg	1 R=258 μC/kg (Röntgen) ≙7,1 · 10⁴ MeV/cm³
Ionendosisleistung, -rate	$\dot{J}$	1 A/kg	1 R/s≙7,1 ·10⁴ MeV/cm³s

1.8 Abgeleitete SI-Einheiten mit eigenem Namen

Größe		SI-Einheit		Weitere SI-Einheiten
Kraft	F	Newton	N	$kg\,m/s^2$
Druck	p	Pascal	Pa	N/m^2
Energie, Arbeit, Wärmemenge	A	Joule[3)]	J	Nm = Ws
Leistung	P	Watt	W	J/s = Nm/s = VA
elektrische Spannung	U	Volt	V	$W/A = kg\,m^2/As^3$
elektrischer Widerstand	R	Ohm	Ω	V/A
elektrischer Leitwert	G	Siemens	S	$1/\Omega = A/V$
Elektrizitätsmenge (elektrische Ladung)	Q	Coulomb	C	As
elektrische Kapazität	C	Farad	F	C/V = As/V
magnetischer Fluß	Φ	Weber	Wb	Vs
magnetische Flußdichte	B	Tesla	T	$Wb/m^2 = Vs/m^2$
Induktivität	L	Henry	H	Wb/A = Vs/A
Winkel, ebener	α	Radiant	rad	m/m
Raumwinkel	Ω	Steradiant	sr	m^2/m^2
Lichtstrom	Φ	Lumen	lm	cd sr
Beleuchtungsstärke	E	Lux	lx	lm/m^2
Frequenz	f	Hertz	Hz	1/s
Aktivität radioaktiver Substanz	A	Becquerel	Bq	1/s
Energiedosis	D	Gray	Gy	J/kg

1 Bar = 1 bar = 10^5 N/m^2 = 0,1 N/mm^2 = 10^5 Pa; 1 Pa = 10 μbar

1 Kilowattstunde = 1 kWh = 3,6 MJ (Megajoule); 1 MJ = 0,277778 kWh

1.9 Umrechnung von amerikanischen und englischen Einheiten in SI-Einheiten

Einheit/Größe	Zeichen	Wert in SI-Einheiten	Umrechnungsfaktor x^{-1}
Längeneinheiten			
1 inch = 40 lines	in	2,539 cm	0,393701
1 mil		25,4 μm	0,03937
1 line		0,635 mm	1,57480
1 foot = 12 in = 3 hands	ft	30,468 cm	0,0328084
1 yard = 3 feet = 4 spans	yd	0,9144 m	1,09361
1 fathom = 2 yd	fath	1,8288 m	0,546807
1 rod, (perch, pole)	rd	5,0292 m	0,198839
1 chain = 100 links	ch	20,1168 m	0,0497097
1 furlong = 220 yd	fur	0,201168 km	4,97097
1 mile (Landmeile)	mi	1,60934 km	0,62137
1 nautical mile (internat.)	n mi, NM	1,852 km	0,539957
1 knot (Knoten)	kn	1,852 km/h	0,539957
Flächeneinheiten			
1 square inch	sq in	6,4516 cm^2	0,155000
1 circular inch		5,0671 cm^2	0,197352
1 square foot = 144 sq in	sq ft	929,03 cm^2	$1{,}0764 \cdot 10^{-3}$
1 square yard = 9 sq ft	sq yd	0,83613 m^2	1,19599
1 acre = 4 roods		4046,8 m^2	$2{,}4711 \cdot 10^{-4}$
1 square mile = 640 acres	sq mi	2,5900 km^2	0,38610
Raumeinheiten			
1 cubic inch	cu in	16,387 cm^3	0,061024
1 cubic foot 1728 cu in	cu ft	28,317 dm^3	0,035315
1 cubic yard = 27 cu ft	cu yd	0,76455 m^3	1,30795
1 register ton = 100 cu ft		2,8317 m^3	0,35314
1 shipping ton		1,13268 m^3	0,88286
1 fluid ounce (GBr)	fl oz	0,028413 dm^3	35,1950
1 fluid once (USA)	fl oz	0,029574 dm^3	33,8138
1 pint = 4 gills (GBr)	(liq) pt	0,56826 dm^3	1,75975
1 pint = 4 gills (USA)	liq pt	0,47318 dm^3	2,11336
1 dry pint	dry pt	0,55061 dm^3	1,81616
1 quart = 2 pints (GBr)	(liq) qt	1,13652 dm^3	0,87988
1 quart = 2 pints (USA)	liq qt	0,94636 dm^3	1,05668
1 dry quart	dry qt	1,10123 dm^3	0,908077
1 quarter = 64 gal		290,950 dm^3	0,0034370
1 gallon = 2 pottles (GBr)	gal	4,54609 dm^3	0,219969
1 gallon (USA)	gal	3,78543 dm^3	0,264170
1 bushel = 4 pecks (GBr)	bu	36,3687 dm^3	0,0274962
1 bushel = 4 pecks (USA)	bu	35,2393 dm^3	0,0283774
1 dry barrel		115,628 dm^3	0,0086484
1 petroleum barrel		158,762 dm^3	0,0062987

Einheit/Größe	Zeichen	Wert in SI–Einheiten	Umrechnungs-faktor x^{-1}
Masseneinheiten			
1 grain	gr	64,7989 mg	0,0154324
1 dram	dr	1,77185 g	0,564383
1 ounce = 16 drams	oz	28,3495 g	0,0352739
1 pound = 16·oz	lb	0,453592 kg	2,204622
1 quarter = 28 lb (lbs)		12,7006 kg	0,078737
1 hundredweight = 112 lb	cwt	50,8024 kg	0,0196841
1 long hundredweight	l cwt	50,8024 kg	0,0196841
1 short hundredweight	sh cwt	45,3592 kg	0,0220462
1 ton = 1 long ton	tn, l tn	1,016047 t	0,984206
1 short ton = 2000 lb	sh tn	0,907185 t	1,102311
Krafteinheiten			
1 pound-weight	lb wt	4,448221 N	0,2248089
1 pound-force	Lb, lbf	4,448221 N	0,2248089
1 poundal	pdl	0,138255 N	7,23301
1 kilogramme-force	kgf, kgp	9,80665 N	0,1019716
1 short ton-weight	sh tn wt	8,896444 kN	0,1124045
1 long ton-weight	l tn wt	9,964015 kN	0,1003611
1 ton-force	Ton, tonf	9,964015 kN	0,1003611
Druckeinheiten (Kraft/Fläche)			
1 pound-weight	lb wt/sq in	6,8948 kN/m^2	0,145038
per square inch	ppsi, psi	68,948 mbar	0,0145038
1 pound-weight	lb wt/sq ft	47,880 N/m^2	0,0208854
per square foot	ppsf, psf	0,47880 mbar	2,08854
1 kilogramme-force/sq in	kgf/sq in	1,52003 N/m^2	0,657880
1 short ton-weight/sq in		13,7895 N/mm^2	0,072552
1 ton-force/sq in	Ton/sq in	15,4443 N/mm^2	0,064749
1 foot of water	ft H_2O	0,029891 bar	33,455
1 inch of Hg	in Hg	0,033864 bar	29,530
Arbeit- und Energieeinheiten			
1 foot pound-weight	ft lb wt	1,355821 J	0,737561
1 foot pound-force	ft Lb, ft lbf	1,355817 J	0,737563
1 foot-poundal	ft pdl	0,0421401 J	23,7304
1 British Thermal Unit	Btu, BTU	1,055056 kJ	0,947817
(internat., steam table)	B, th. u.	0,293071 Wh	3,412141
1 horse-power hour	hph, HPhr	2,6845 MJ	0,37251
	h.p.hr.	0,74570 kWh	1,34102
Leistungseinheiten (Arbeit/Zeit)			
1 foot pound-weight/s	ft lb wt/s	1,355821 W	0,737561
1 British thermal unit/s	Btu/s,	1,055056 kW	0,947817
1 British thermal unit/h	Btu/h	0,293071 W	3,41214
1 horse-power	hp, h.p.	0,74570 kW	1,34102
Lichttechnische Einheiten			
1 lambert	la	3183,10 cd/m^2	$\pi \cdot 10^{-4}$
1 foot-lambert	ft la	3,42626 cd/m^2	0,291864
1 candela per square inch	cd/sq in	1550,0 cd/m^2	$6{,}4516 \cdot 10^{-4}$
1 candela per square foot	cd/sq ft	10,7639 cd/m^2	0,092903
1 footcandle	ft cd	10,7639 lx	0,092903

1.10 Umrechnung von Zoll bzw. Inches in Millimeter

inch-, Zoll-Brüche						mm	Zoll, inch	cm
$\frac{x}{32}$	$\frac{x}{16}$	$\frac{x}{8}$	$\frac{x}{4}$	$\frac{x}{2}$	$\frac{x}{1}$			
1						0,79375	1	2,54
(2)	1					1,58750	2	5,08
3						2,38125	3	7,62
(4)	(2)	1				3,17500	4	10,16
5						3,96875	5	12,70
(6)	3					4,76250	6	15,24
7						5,55625	7	17,78
(8)	(4)	(2)	1			6,35000	8	20,32
9						7,14375	9	22,86
(10)	5					7,93750	10	25,40
11						8,73125	11	27,94
(12)	(6)	3				9,52500	12	30,48
13						10,31875	13	33,02
(14)	7					11,11250	14	35,56
15						11,90625	15	38,10
(16)	(8)	(4)	(2)	1		12,70000	16	40,64
17						13,49375	17	43,18
(18)	9					14,28750	18	45,72
19						15,08125	19	48,26
(20)	(10)	5				15,87500	20	50,80
21						16,66875	25	63,50
(22)	11					17,46250	30	76,20
23						18,25625	35	88,90
(24)	(12)	(6)	3			19,05000	40	101,60
25						19,84375	45	114,30
(26)	13					20,63750	50	127,00
27						21,43125	55	139,70
(28)	(14)	7				22,22500	60	152,40
29						23,01875	70	177,80
(30)	15					23,81250	80	203,21
31						24,60625	90	228,61
(32)	(16)	(8)	(4)	(2)	1	25,40000	100	254,00

1 mil = 0,001 inch = 25,4 µm oder 0,0254 mm. 1 ft (foot = Fuß) = 30,48 cm

Achtung: Die Nennweiten in (mm) von Rohrleitungen mit Zollbenennungen weichen von der Umrechnungstabelle ab! (vgl. DIN 2402)

1.11 Elektrochemische Spannungsreihe

Die angegebenen Werte der Urspannung beziehen sich auf Wasserstoff als Vergleichselektrode und gelten für ionennormale Lösungen (ein Grammäquivalent Ionen in einem Liter).

Chem. Element	V	Chem. Element	V	Chem. Element	V
Lithium	– 2,96	Zink	– 0,76	Wismut	+ 0,23
Rubidium	– 2,92	Chrom	– 0,56	Arsen	+ 0,32
Kalium	– 2,92	Gallium	– 0,52	Kupfer	+ 0,345
Strontium	– 2,90	Schwefel	– 0,50	Sauerstoff	+ 0,393
Barium	– 2,90	Eisen	– 0,44	Polonium	+ 0,4
Natrium	– 2,71	Kadmium	– 0,40	Jod	+ 0,53
Kalzium	– 2,56	Indium	– 0,34	Quecksilber	+ 0,775
Magnesium	– 1,87	Kobalt	– 0,29	Silber	+ 0,80
Beryllium	– 1,69	Nickel	– 0,25	Platin	+ 0,86
Uran	– 1,40	Zinn	– 0,14	Brom	+ 1,06
Aluminium	– 1,28	Blei	– 0,13	Gold	+ 1,38
Mangan	– 1,07	Wasserstoff	± 0	Chlor	+ 1,40
Tellur	– 0,83	Antimon	+ 0,20	Fluor	+ 2,0

1.12 Elektrothermische Spannungsreihe

Die angegebenen Werte der Urspannung (auch Thermo-„Kraft“ genannt) gelten für Platin als zweites Metall und 100 °C Übertemperatur der erhitzten Stelle gegen die kalte Vergleichsstelle.

Metall	mV	Metall	mV
Wismut	– 7,70 ... – 6,50	Gold	+ 0,56 ... + 0,80
Konstantan	– 3,47 ... – 3,04	Manganin	+ 0,57 ... + 0,82
Kobalt	– 1,99 ... – 1,52	Zink	+ 0,60 ... + 0,79
Nickel	– 1,94 ... – 1,20	Rhodium	+ 0,65
Kalium	– 0,9	Iridium	+ 0,65 ... + 0,68
Palladium	– 0,3	Wolfram	+ 0,65 ... + 0,90
Natrium	– 0,2	Silber	+ 0,67 ... + 0,79
Quecksilber	– 0,07 ... + 0,04	Kupfer	+ 0,72 ... + 0,77
Platin	± 0	V2A-Stahl	+ 0,77
(Graphit)	+ 0,22	Kadmium	+ 0,85 ... + 0,92
(Kohle)	+ 0,3	Molybdän	+ 1,16 ... + 1,31
Tantal	+ 0,34 ... + 0,51	Eisen	+ 1,87 ... + 1,89
Aluminium	+ 0,40 ... + 0,41	Chromnickel	+ 2,20
Magnesium	+ 0,40 ... + 0,43	Antimon	+ 4,70 ... + 4,86
Zinn	+ 0,40 ... + 0,44	Silizium	+ 44,8
Blei	+ 0,41 ... + 0,46	Tellur	+ 50
Cäsium	+ 0,5		

1.13 Benennung wichtiger technischer Stoffe und ihre Eigenschaften

Chemische Bezeichnung	Handelsname	Chemische Formel	Verdünnung/ Auflösung mit
Vinylbenzol	Styrol	$C_6H_5CHCH_2$	Alkohol, Äther
Magnesiumsilikat	Talkum	$Mg_3H_2(SiO_3)_4$	
Tetrachlor-kohlenstoff	Tetra	CCl_4	Alkohol, Äther
Methylbenzol	Toluol	$C_6H_5CH_3$	Alkohol, Äther, Benzol
Aluminiumoxid	Tonerde	Al_2O_3	
Trichloräthylen	Tri	C_2HCl_3	Alkohol, Äther
Vinylchlorid	Vinylchlorid		wenig in Wasser
Kupfersulfat	Vitriol, blauer	$CuSO_4 \cdot 5H_2O$	Wasser
Natriumsilikat	Wasserglas	Na_2SiO_3 (auch K_2SiO_3)	Wasser
Wasserstoffperoxid	Wasserstoff-superoxid	H_2O_2	Wasser
Äthylalkohol (Äthanol)	Weingeist	C_2H_5OH	H_2O, Äther, Chloroform
Dextrin	Zellulose	$C_6H_{10}O_5$	
Zitronensäure	Zitronensäure	$C_6H_8O_7$	Wasser

1.14 Ätzlösungen für feste Stoffe

Material	Lösung
Aluminium	Eisen(III)chlorid
	Natronlauge
	konz. Salzsäure konz. Salpetersäure konz. Flußsäure Wasser (60 °C)
	Methanol Äthylenglykol Perchlorsäure (70%) dest. Wasser (20%)
Chrom	Salzsäure Eisen(III)chlorid konz. Salzsäure
Chrom/Nickel	konz. Salzsäure dest. Wasser
Gold	konz. Salpetersäure konz. Salzsäure
Gold/Palladium	konz. Flußsäure konz. Salpetersäure dest. Wasser
Konstantan	Eisen(III)chlorid
Kupfer	Eisen(III)chlorid Ammoniumpersulfat
Molybdän	konz. Schwefelsäure konz. Salpetersäure dest. Wasser

Material	Lösung
Nickel	konz. Salzsäure dest. Wasser
Palladium	konz. Salpetersäure konz. Salzsäure
Palladium und Platin	konz. Salpetersäure konz. Salzsäure dest. Wasser
Silizium	Eisen(III)chlorid konz. Flußsäure konz. Salpetersäure
Quarz; SiO_2	Flußsäure Ammoniumfluoridlösung
Silber	Eisennitrat verdünnte Salpetersäure
Tantal	konz. Flußsäure konz. Salpetersäure dest. Wasser
Tellur	Salpetersäure
	Ammoniumpersulfat
Titan	konz. Flußsäure dest. Wasser
Zinnoxid	Kupferchlorid 2 M in Salzsäure 4 N
Zinn-Bleileg.	Chromsäureanhydrid Natriumsulfat Schwefelsäure

1.15 Spezifische Gewichte (20 °C)

Reine Metalle

Metall	g/cm³
Aluminium, rein .	2,702
Alu-Blech	2,73
Alu, gegossen ...	2,56
Alu, gehämmert .	2,57
Antimon	6,684
Arsen	5,72
Barium	3,5
Beryllium	1,85
Blei, ...	11,344
flüssig 350° ...	10,66
gewalzt	11,38
Cadmium	8,642
Caesium	1,90
Chrom	6,92
Eisen	6,6 ... 7,4
Gallium	5,9
Germanium ...	5,35
Gold	19,3
Hafnium	13,3
Indium	7,31
Iridium	22,421
Kalium	0,86
Kobalt	8,9
Kupfer, rein ...	8,933
gegossen	8,3 ... 8,92
gehämmert ...	8,9 ... 9
gewalzt	8,9 ... 9
Kupferdraht ...	8,96
Lithium	0,534
Magnesium	1,74
Mangan	7,20
Molybdän	10,2

Metall	g/cm³
Natrium	0,97
Nickel	8,80
Niob	8,4
Osmium	22,48
Palladium	11,97
Platin	21,45
Quecksilber ...	13,546
Rhenium	20,53
Rhodium	12,5
Rubidium	1,532
Ruthenium	12,43
Selen, met.	4,80
Silber	10,5
Silicium	2,4
Tantal	16,65
Tellur	6,24
Thallium	11,84
Thorium	11,7
Titan	4,43
Uran	19,0
Vanadium	6,07
Wismut	9,80
Wolfram	19,3
Zink, ...	7,133
-Blech	7,0
-Spritzguß	6,8
Zinn, ...	7,3
gegossen	7,2
Zirkonium	6,49

Legierungen

Legierung	g/cm³
Aluminiumbronze	7,75 . . . 8,4
Aluminiumnickelstahl	6,6
Bronze (Rotguß) (6 . . 20 Sn) (Tombak)	8,7 . . . 8,9
Chromnickel, WM 100	8,5
Chromnickelstahl	7,8 . . . 8,0
Chromstahl (3 % Cr)	7,7
Deltametall (56 Cu, 40 Zn, 2 Fe, 1 Pb)	8,6
Deutrostahl	7,6 . . . 7,9
Duralminium	2,75 . . . 2,87
Dynamoblech	7,55 . . . 7,8
Eisenchromaluminium WM 140	7,2
Elektron	1,7 . . . 1,8
Elektronmetall (90 % Mg)	1,8 . . . 1,83
Gußeisen	7,3
Hydronalium (10 % Mg)	2,6
Invar (64 Fe, 36 Ni)	8,7
Isabellin	8,0
Konstantan	8,8
Kruppin	8,1
Lagermetall (Weißmetall)	7,1 . . . 10,1
Lautal (5 % Cu)	2,75
Legal	2,7
Magnesia	3,2 . . . 3,6
Manganin	8,43
Messing, gelb	8,5
rot	8,8
weiß	8,2
gegossen	8,4 . . . 8,7
Messing, gewalzt	8,5 . . . 8,6
gezogen	8,43 . . . 8,73
Neusilber	8,3 . . . 8,7
Nickelin (55 Cu, 45 Ni)	8,8
Phosphorbronze (95,5 Cu, 4,5 Sn, 0,2 P) . .	8,91
Permalloy	8,59
Platin-Iridium (10 % Ir)	21,6
Remanitstahl	7,6 . . . 8,0
Rheotan	8,6
Rosesches Metall	10,7
Schmiedeeisen	7,8
Schnellschneidmetalle,	
Acrit	9,0
Cadit	8,3
Widia	14,4
Sicromal	7,6 . . . 7,8
Silumin	2,5 . . . 2,65

Legierungen

Legierung	g/cm³
Stahl, Alu-	6,30
Chromnickel-	7,9
Chrom-	7,7
-guß	7,85
Kobalt-	7,8
Nickel-	8,13
Nickelmangan-	8,03
Niro-	7,3 . . . 7,4
Nirosta-	7,3 . . . 7,4
Schnell-	8,5
V 2 A-	7,8
Wolfram- (6 % W)	8,2
Woodsches Metall	9,7

Flüssigkeiten

Flüssigkeit	g/cm³
Äthylalkohol (Äthanol) .	0,789
Azeton	0,791
Benzin, Fahr-	0,78
Flug-	0,72
Benzol	0,879
Chloroform	1,489
Diäthyläther	0,714
Dieselkraftstoff	0,85 . . . 0,88
Erdöl	0,73 . . . 0,94
Glyzerin	1,261
Heizöl	0,95 . . . 1,08
Kalilauge (40 %; 15 °C) .	1,395
Maschinenöl	0,9
Methylalkohol	0,7915
Mineralöl, Schmier- . . .	0,85
Zylinder-	0,93
Natronlauge (40 %; 15 °C)	1,434

Flüssigkeit	g/cm³
Olivenöl	0,91
Paraffinöl	0,9 . . . 1,0
Petroleum	0,81
Quecksilber	13,546
Salpetersäure 50 % . . .	1,31
Salpetersäure 100 % . . .	1,512
Salzsäure (40 %)	1,195
Schwefelsäure 50 % . . .	1,40
Schwefelsäure 100 % . . .	1,834
Silikonöl	0,76 . . . 0,97
Spiritus	0,83
Terpentinöl	0,855
Tetrachlorkohlenstoff .	1,594
Toluol	0,8669
Transformatorenöl . . .	0,87
Wasser	0,9982
Wasserstoffperoxid . . .	1,463

Sonstige Stoffe

Stoff (Material)	g/cm³
Achat	2,5 ... 2,8
Anthrazit	1,3 ... 1,5
Asbestplatten ...	1,5 ... 2,0
Asphalt	1,1 ... 2,0
Bakelit	1,335
Basalt	2,4 ... 3,1
Bauxit	2,4 ... 2,6
Bergkristall	2,64
Bernstein	1,0 ... 1,1
Beton, Gas– ...	0,5 ... 0,9
Kies– ...	1,8 ... 2,4
Schwerst–. . .	bis 5,0
Bimsstein, natürlich	0,37 ... 0,9
Bitumen	1,05
Bleiglätte, natürlich	7,8 ... 8,0
Bleiglanz	7,4 ... 7,6
Braunkohle ...	1,2 ... 1,4
Dachpappe	1,1 ... 1,2
Dachschiefer ...	2,7 ... 2,8
Diamant	3,51
Eis (0 °C)	0,917
Elfenbein	1,8 ... 1,9
Erdreich	1,3 ... 2,0
Fette	0,90 ... 0,95
Glas, Blei- (25 Pb0)	2,89
Fenster– ..	2,48
Flaschen– ..	2,6
Flint–, leicht ..	2,5 ... 3,2
Flint–, schwer .	3,5 ... 5,9
Quarz	2,2
Glimmer	2,6 ... 3,2
Granit	2,6 ... 3,0
Graphit, Natur– .	2,0 ... 2,5
Gummi	0,92
Hartgummi (Ebonit)	1,1 ... 1,3
Holz, trocken ...	0,4 ... 0,8

Stoff (Material)	g/cm³
Holz, Balsaholz	0,08 ... 0,2
Birkenholz	0,52 ... 0,8
Ebenholz	1,2
Eichenholz	0,7 ... 1,0
Fichtenholz	0,4 ... 0,7
Holzspannplatten	0,4 ... 0,8
Hostaflon	2,1 ... 2,2
Kalkmörtel, trocken	1,6
Keramik	2,1 ... 2,3
Kolophonium	1,08
Kork (Platten)	0,20 ... 0,35
Korund	3,8 ... 4,0
Leder (trocken)	0,9 ... 1,0
Lehm	1,5 ... 1,8
Lote, Aluminium–	2,7 ... 5,9
Blei-	11,2
Messing–	8,1 ... 8,7
Silber–	8,27 ... 9,18
Zink–	7,2
Zinn–	7,5 ... 10,8
Marmor	2,6 ... 2,8
Mikanit	2,5
Natriumchlorid	2,17
Papier	0,7 ... 1,2
Paraffin	0,8 ... 0,9
Pertinax	1,3
Plexiglas (Acrylglas)	1,2
Polyamid (Perlon, Nylon u.ä.)	1,08 ... 1,14
PVC	1,38
Porzellan	2,3 ... 2,5
Sand, erdfeucht	2,0
Schamotte	1,7 ... 2,2
Schaumstoff	0,02 ... 0,05
Schiefer	2,7 ... 2,8
Steinkohle	1,2 ... 1,4
Ziegelstein	1,0 ... 1,6

1.16 Linearer Ausdehnungskoeffizient (Mittelwert 0...100 °K)

Reine Metalle

Metall	α
Aluminium	23,1
Antimon	10,8
Arsen	~5
Barium	19
Beryllium	12
Blei	28
Cadmium	31
Caesium	97
Chrom	8,5
Eisen	11,5
Gallium	~18
Germanium	6
Gold	14,2
Indium	56
Iridium	6,58
Kalium	84
Kobalt	11
Kupfer	16,5
Lithium	58
Magnesium	26
Mangan	23
Molybdän	5,1
Natrium	71
Nickel	12,5
Niob	7,1
Osmium	7
Palladium	10,6
Platin	8,94
Rhenium	4
Rhodium	9
Rubidium	90
Ruthenium	10
Silber	18,7
Silicium	7
Tantal	6,58
Tellur	17,2
Thallium	29
Thorium	11,1
Wismut	12,1
Wolfram	4,5
Zäsium	97
Zink	14,1
Zinn	20
Zirkonium	14,3

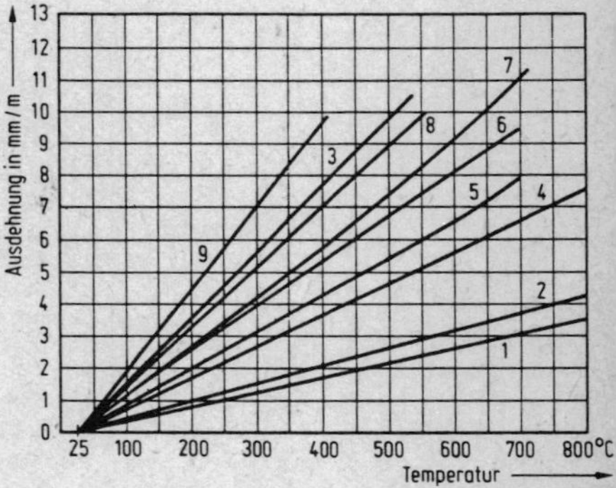

Thermische Ausdehnung verschiedener Metalle

1 Wolfram
2 Molybdän
3 Silber
4 Platin
5 Chromeisen
6 Eisen
7 Chronin
8 Kupfer
9 Aluminium

Legierungen

Legierung	α
Aluminium-Kupfer-Legierungen	26
Aluminium-Bronze-Legierungen . .	14,2
Antimonblei	27
Beryllium	12,3
Bleilot	25
Bronze	17,5
Chromeisen	9,5 . . . 10
Chromnickel	18; 13 . . . 14,5
Chromstahl	10
Co-Fe-Cr	0,5 . . . - 1,2
Duralumin	23 . . . 26
Elektron	24
Fernico	5
Hydronalium	24
Invar	2 . . . 0,5
Supra-Invar	0,0 . . . 0,5
Konstantan	15
Kovar	3 . . . 5
Lautal	22,9
Legal	23

Hinweis: Werte für Legierungen sind von deren Zusammensetzung abhängig.
Der lineare Ausdehnungskoeffizient ist in folgenden Einheiten angegeben:
$\alpha = 10^{-0}$ pro Grad Temperaturänderung

Legierungen

Legierung	α
Magnalium	23,8
Mangal	23
Manganin	18
Messing	18
Monel	14
Neusilber	18,36
Nickeleisen	8,0
Phosphorbronze	18,9
Platin-Iridium (0,2 Ir)	8,3
Platinit	5 . . . 8
Platin-Rhodium	9,28
Stahl	
hochlegierter (V2A)	16,0
Chrom-	10,0
Fluß-	11

Legierung	α
Gußeisen	10,5
Nickel-	12
Schmiedeeisen	11,5
Schnell-	14
Stahlguß	14
V 2-Stahl	16
Al-Stahl	11,6
Cr-Stahl	11 . . . 10
Cr-Ni-Stahl, hitzebeständig	15 . . . 18,5
Mn-Stahl	12,9
Ni-Stahl	3,7
Si-Stahl	12,2 . . . 11,3
W-Stahl	10,4
Titan	9
Wonico	~5,5

Sonstige Stoffe

Stoff (Material)	α
Beton	12
Bakelit	30
Bernstein	54
Diamant	1,3
Eis (0 °C)	0,502
Fette	~100
Glas, Flint-	7,9
Kron-	9,5
Quarz-	0,45
Glimmer	9
Granit	3 . . . 8
Graphit	7,9
Hartgummi	75 . . . 100
Hartpapier	10
Harz	212
Kadmium	31,5
Kaliumchlorid	33
Kaliumnitrat	78
Kolophonium	85
Kunsthorn	60 . . . 80
Marmor	~11
Naphthalin	94

Stoff (Material)	α
Natriumchlorid	40
Pertinax	10 . . . 30
Phenol	290
Phosphor, weiß	124
Plexiglas	70 . . . 100
Polyamid (Perlon, Nylon)	100 . . . 140
Polyäthylen	200
Polystyrol (Trolitul)	60 . . . 80
Polyvinylchlorid (PVC)	150 . . . 200
Porzellan	3 . . . 4
Rohrzucker	83
Sandstein	7 . . . 12
Schamotte	5
Schwefel, rhomb.	90
Siliziumkarbid (Karborund)	6,6
Sinterkorund	6
Speckstein	9 . . . 10
Steinsalz (Kristall)	40
Teflon	60 . . . 100
Vulkanfiber	25
Trolitul	60 . . . 80
Zelluloid	101

1.17 Eigenschaften elektrischer Isolierstoffe

Isolierstoff	Dichte ϱ kg/dm³	spez. Durchgangs-Widerstand ϱ_D $\Omega \cdot$ cm	Dielektr. Verlustfaktor 10^{-3} tan δ bei f = 50 Hz	1 MHz	Relative Dielektrizitätskonstante ϵ_r bei f = 50 Hz	1 MHz	Durchschlagsfestigkeit E_d kV / mm	Temperaturbeständigkeit nach Martens δ / °C
Aminoplast-Preßmassen	1,5	10^{11}	100	–	7	6	8 ... 15	100 ... 120
Bakelit	1,3	10^{11}	5	20	4 ... 6,5	5 ... 10	10 ... 12	150
Bernstein	0,9 ... 1,1	$>10^{18}$	1	5	2,8	–	50 ... 70	250
Bitumen-Vergußmasse	1,1 ... 1,6	10^{15}	–	–	–	–	20 ... 40	110
Chlophen	1,3 ... 1,7	–	1 ... 2	–	5	–	16	–
Epoxydharz	1,25	10^{16}	6	15	3,6	3,6	15 ... 40	80
Glas	2,5	10^{14}	5	8	8	16	20 ... 50	150
Glimmer	2,6 ... 3,2	10^{16}	0,5	0,2	6	8	60 ... 180	800
Gummi	0,95	10^{15}	5	65	2,65	–	16 ... 50	60
Hartgewebe	1,8	10^{11}	40	25	5	5	40 ... 50	125
Hartgummi	1,15	10^{16}	14	7	3	–	15 ... 40	60
Hartpapier	1,4	10^{10}	80	80	5	–	20 ... 30	120
Hartpapier IV	1,2	10^{12}	30	4,0	4,5	4,5	10 ... 20	120
Hartporzellan	2,4	10^{12}	20	10	6	6	35	800
Lackglasseide	1,4	10^{12}	–	–	–	–	–	150
Luft (trocken)	$1,3 \cdot 10^{-3}$	–	<0,1	<0,1	1	1	2,4	–
Magnesiumsilikat	2,7	10^{12}	1	2	6	6	38	500
Melaminharz	1,5	–	–	–	6	8	10 ... 15	150
Mikanit	3,0	10^{15}	1	0,3	5	–	30 ... 38	750
Mikalex	2,8 ... 3,2	10^{10}	10	18	8	–	15	400
Papier, clophengetr.	0,9	10^{15}	4	–	5	2,9	60	100
Papier, paraffingetr.	0,8	10^{15}	7	38	3	–	60	100
Paraffin, fest	0,9	10^{17}	4	9	2	2	15 ... 35	35
Paraffinöl	0,85	–	0,08	0,3	3	3	16	–
Pertinax	1,2	10^{10}	60	90	5	5	10 ... 20	125
Phenolharz	1,25	10^{12}	50	30	5	5	20	155
Phenolpreßmassen	1,8	10^{11}	30	20	4 ... 6	4 ... 6	10 ... 20	150
Plexiglas	1,18	10^{15}	60	20	3,6	2,8	30 ... 45	80
Polyamid	1,1 - 1,2	10^{11}	–	20	30	6	–	60

Isolierstoff	Dichte ϱ kg/dm³	spez. Durchgangs-Widerstand ϱ_D $\Omega \cdot cm$	Dielektr. Verlustfaktor 10^{-3} tan δ bei f =		Relative Dielektrizitäts-konstante ϵ_r bei f =		Durchschlags-festigkeit E_d kV / mm	Temperatur-beständigkeit nach Martens δ / °C
			50 Hz	1 MHz	50 Hz	1 MHz		
Polyäthylen	0,92	10^{16}	0,2	0,2	2,2	2,2	50	40
Polyisobutylen	0,93	10^{15}	0,4	0,4	2,2	2,2	23	–
Polyurethan	1,2	10^{10}	12	45	3,4	3,2	20	50
Polystrol	1,05	10^{14}	0,2	0,3	2,5	2,5	50	70
Polytetrafluoräthylen	2,1	10^{18}	0,5	0,5	2	2	20 ... 40	100
Polyvinylchlorid	1,4	10^{13}	13	18	3,2	2,9	40 ... 90	75
Porzellan	2,2	10^{15}	15	10	5	6	30 ... 35	600
Preßspan	1,2	10^{9}	30	50	4	4	6 ... 11	80
Quarz	2,7	10^{16}	0,1	0,1	2	3		1000
Quarzglas	2,2	10^{16}	0,5	0,5	4,2	4	25 ... 40	1000
Rutil-Keramik	3,9	10^{13}	1	0,8	50 ... 100	50 ... 100	10 ... 20	500
Schellack	1,1	10^{15}	3,8	10	3,3	–	10 ... 15	80
Silikongummi	2,0	10^{13}	1,0	3	6	–	20 ... 30	220
Silikonöl	0,95	10^{14}	0,1	0,1	2,8	2,8	50	80
Steatit	2,5	10^{12}	3	2	6,5	6	20 ... 30	500
Titanat-Keramik	3 ... 4,5	10^{13}	0,3 ... 2	0,3	12 ... 40	12 ... 40	10 ... 25	500
Transformatoröl	0,84	10^{18}	0,1	0,2	2,5	2,5	12 ... 20	80
Trolitul	1,05	10^{16}	0,1	0,2	2,3	2,3	50	70
Vulkanfiber	1,3	10^{8}	50	–	4	–	5	80
Wasser, destilliert	1,0	10^{10}	–	–	80	–	–	–
Weichgummi	1,0	10^{15}	15	–	2,5	–	20	50
Zelluloid	1,35	10^{10}	40	50	3	–	40	40
Zelluloseacetat	1,3	10^{13}	10	60	5,5	4,5	32	40

1.18 Kurzübersicht über die Dielektrizitätszahl ε_r wichtiger Stoffe

$$\left(\epsilon_0 = 8{,}85419 \cdot 10^{-12}\ \frac{F}{m}\right)$$

Stoff	ϵ_r
Argon	1,000504
Asbestkautschuk	4
Asbest	4,8
Asphalt	2,66
Äthylalkohol	25,1
Azeton	21,4
Bakelit	3 . . . 5
Benzol	2,28
Bernstein	2,2 . . . 2,9
Brom	3,1
Calit	6,5
Chloroform	4,8
Condensa C	80
Condensa N	40
Diäthyläther	4,34
Glas	3 . . . 15
Glimmer	5 . . . 9
Gips	2,65
Gummi	2,5 . . . 3,0
Glyzerin	41,1
Hartgummi	3 . . . 4
Hartpapier	3,5 . . . 6
Hartpapierplatten	5
Hartporzellan	5 . . . 6,5
Helium	1,000066
Holz	3 . . . 3,5
Holz, imprägniert	3,5 . . . 5
Igelit	5
Isolierleinen	3,5 . . . 4
Kabelvergußmasse	2,5
Kabelpapier, imprägniert	4 . . . 4,3
Kabelöl	2,25

Stoff	ϵ_r
Keramikmassen	bis 4000
Kohlendioxid	1,000985
Luft, trocken	1,000594
Marmor	8,4 ... 14
Methylalkohol	33,5
Mikanit	5
Mineralöl	2,15
Naphthalin	3,78
Nitrobenzol	35,5
Olivenöl	3
Ölpapier	5
Papier	1,2 ... 3,0
Paraffin (Öl)	2,2
Pertinax	3,5 ... 5,5
Petroleum	2,2
Plexiglas	3 ... 4
Polyamid	3,3
Polyäthylen	2,3
Polystyrol	2,3 ... 2,5
Porzellan	4,5 ... 6,5
Quarz	3,5 ... 4,5
Quarzglas	4
Rapsöl	2,2
Sauerstoff	1,000486
Schellack	3,6 ... 4
Siegellack	4,3
Silikonöl	2,2 ... 2,8
Schwefelkohlenstoff	2,63
Stickstoff	1,000528
Steatit	5,5 ... 6,5
Teflon	2,0
Tempa S	14
Tempa X	30
Terpentinöl	2,2
Toluol	2,38
Transformatorenöl	2,2 ... 2,5
Vaseline	2,1 ... 2,3
Trolit	4 ... 7
Vakuum	1,0
Vulkanfiber	2,5
Wasser (dest.)	81
Wasserstoff	1,000252

1.19 Permeabilitätszahlen

Diamagnetische Stoffe $\mu_r \approx 1$ (< 1)

Material	
Aluminiumoxid	0,999 986 4
Ameisensäure	0,999 993 3
Äthylalkohol	0,999 992 7
Azeton	0,999 986 4
Benzol	0,999 992 2
Diäthyläther	0,999 991 6
Glyzerin	0,999 9902
Glas	0,999 987
Kalziumkarbonat	0,999 987 2
Kalziumoxid	0,999 988 5
Kupfer	0,999 990 4
Methylalkohol	0,999 993 1
Nitrobenzol	0,999 992 42
Petroleum	0,999 989 06
Schwefelkohlenstoff	0,999 991 17
Tetrachlorkohlenstoff	0,999 991 23
Toluol	0,999 992 21
Wasser	0,999 990 97
Wismut	0,999 843 2
Zinkoxid	0,999 975 93

Paramagnetische Stoffe $\mu_r \approx 1$ (>1)

Material	
Aluminium	1,000 0208
Barium	1,000 00694
Chlorwasserstoff	1,0156
Chrom	1,000 278
Eisen, 800 °C	1,149
Eisen, 1200 °C	1,00259
Eisensulfid	1,000 871
Hartgummi	1,000 014
Kobalt, 1200 °C	1,0333
Kobalt, 1400 °C	1,007 71
Luft	1,000 0004
Magnesium	1,000 0174
Mangan	1,000 871
Nickel, 550 °C	1,000 907
Platin	1,000257
Sauerstoff	1,000 001 86
Titan	1,000 18
Uran	1,000 574
Vanadium	1,000 348

1.20 Widerstandsänderung bei Wärme
Technische Metalle

Metall	ϱ_{20}	$\varkappa_{20}$	α	τ
Aluminium	0,028... ...0,04	35,70... ...25,00	0,0036	258
Aluminiumdraht mit 99,6 % Al-Gehalt	0,028	35,7	0,0040	230
Blei	0,22	45,45	0,0040	230
Eisen 99,9...99,0 % Fe-Gehalt	0,10... ...0,15	10,0... ...6,67	0,0045	202
Eisenblech	0,13	7,7	0,0045	202
Eisenblech leg. 1,0...5 % Si-Gehalt	0,27... ...0,67	3,7... ...1,5	—	—
Eisen, gegossen	0,6...1,6 (0,7)	1,67...0,625 (1,43)	—	—
Kupfer für Leitungen	0,0178	56,18	0,00392	235
Kupfer für Wicklungen	0,0172	58,14	0,00392	235
Nickel	0,09... ...0,11	10,10... ...9,1	0,0046	197
Platin	0,10... ...0,11	10,0... ...9,1	0,0038	243
Silber	0,0165	60,61	0,0036	258
Stahl	0,10... ...0,25	10,0... ...4,0	0,0045... ...0,0050	202... ...180
Stahldraht	0,17	5,88	0,0052	172
Tantal	0,15	6,67	0,003	313
Wismut	1,2	0,83	0,004	230
Zink	0,06	16,67	0,0037	250
Zinn	0,12	8,33	0,0044	207

1.21 Widerstandsänderung bei Kupferdrähten

Geglühtes Kupfer	$\varrho_{20} = 0{,}01724 = \frac{1}{58}$ $\alpha = 0{,}00393 = \frac{1}{254{,}5}$ Spez. Gewicht $= 8{,}89 \frac{kg}{dm^3}$
Leitungskupfer nach VDE-Vorschrift Weichgeglühter Draht	Höchstwerte $\varrho_{20} = 0{,}01754 = \frac{1}{57}$
Kaltgereckter Draht mit einer Festigkeit von $30 \frac{kg}{mm^2}$ $\varnothing \geqq 1$ mm $\varnothing < 1$ mm	 $\varrho_{20} = 0{,}01786 = \frac{1}{56}$ $\varrho_{20} = 0{,}018183 = \frac{1}{55}$
Weichgeglühter, verzinnter Draht $\varnothing \geqq 0{,}3$ mm $\varnothing < 0{,}3 \geqq 0{,}1$ mm $\varnothing < 0{,}1$ mm	 $\varrho_{20} = 0{,}0177 = \frac{1}{56{,}5}$ $\varrho_{20} = 0{,}01802 = \frac{1}{55{,}5}$ $\varrho_{20} = 0{,}01852 = \frac{1}{54}$

Für überschlägige Rechnungen (Kupfer) (unter Berücksichtigung der Erwärmung)
Leitungen: $\varrho = \frac{1}{53}$
Kupferdrähte in elektrischen Maschinen: $\varrho = \frac{1}{50}$ bis $\frac{1}{46}$

1.22 Durchmesser – Querschnitt

(mm)	(mm^2)						
Φ mm	□ mm^2	Φ mm	□ mm^2	Φ mm	□ mm^2	Φ mm	□ mm^2
0,03	0,00071	0,24	0,04524	0,45	0,1590	0,90	0,6362
0,04	0,00126	0,25	0,04909	0,46	0,1662	0,95	0,7088
0,05	0,00196	0,26	0,05309	0,47	0,1735	1,00	0,7854
0,06	0,00283	0,27	0,05726	0,48	0,1810	1,10	0,9503
0,07	0,00385	0,28	0,06158	0,49	0,1886	1,20	1,131
0,08	0,00503	0,29	0,06605	0,50	0,1963	1,30	1,327
0,09	0,00636	0,30	0,07069	0,51	0,2043	1,40	1,54
0,10	0,00785	0,31	0,07548	0,52	0,2124	1,50	1,77
0,11	0,00950	0,32	0,08042	0,53	0,2206	1,60	2,01
0,12	0,01131	0,33	0,08553	0,54	0,2290	1,70	2,27
0,13	0,01327	0,34	0,09079	0,55	0,2376	1,80	2,55
0,14	0,01539	0,35	0,09621	0,56	0,2463	1,90	2,84
0,15	0,01767	0,36	0,1018	0,57	0,2552	2,00	3,14
0,16	0,02011	0,37	0,1075	0,58	0,2642	2,30	4,16
0,17	0,02270	0,38	0,1134	0,59	0,2734	2,50	4,91
0,18	0,02545	0,39	0,1195	0,60	0,2827	2,80	6,16
0,19	0,02835	0,40	0,1257	0,65	0,3318	3,00	7,07
0,20	0,03142	0,41	0,1320	0,70	0,3848	3,50	9,62
0,21	0,03464	0,42	0,1385	0,75	0,4418	4,00	12,57
0,22	0,03801	0,43	0,1452	0,80	0,5027	4,50	15,90
0,23	0,04155	0,44	0,1521	0,85	0,5675	5,00	19,63

1.23 Zusammenhang: Dezimal-, Dual-, Hexadezimalzahl

Dezimal	Dual	Hexadezimal	BCD äquivalent	
0	0	0	0000	0000
1	1	1	0000	0001
2	10	2	0000	0010
3	11	3	0000	0011
4	100	4	0000	0100
5	101	5	0000	0101
6	110	6	0000	0110
7	111	7	0000	0111
8	1000	8	0000	1000
9	1001	9	0000	1001
10	1010	A	0001	0000
11	1011	B	0001	0001
12	1100	C	0001	0010
13	1101	D	0001	0011
14	1110	E	0001	0100
15	1111	F	0001	0101
16	10000	10	0001	0110
17	10001	11	0001	0111

1.24 Flächen- und Körperberechnungen

Flächen

Rechtwinkliges Dreieck

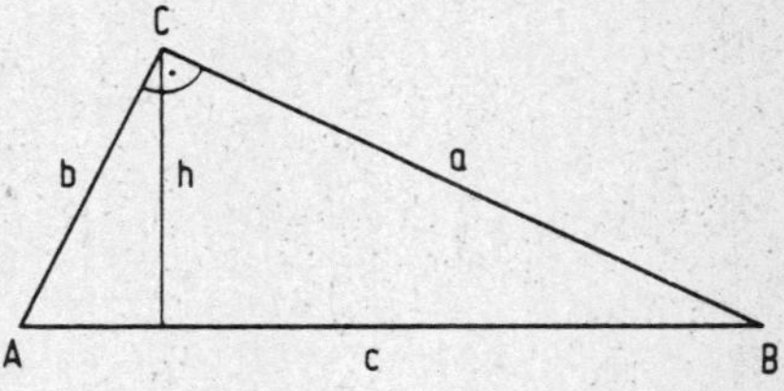

$$A = \frac{c \cdot h}{2} = \frac{a \cdot b}{2}$$

Abstand Schwerpunkt S von:

Hypotenuse $= \frac{1}{3} h$

Kathete a $= \frac{1}{3} b$ Kathete b $= \frac{1}{3} a$

Gleichseitiges Dreieck

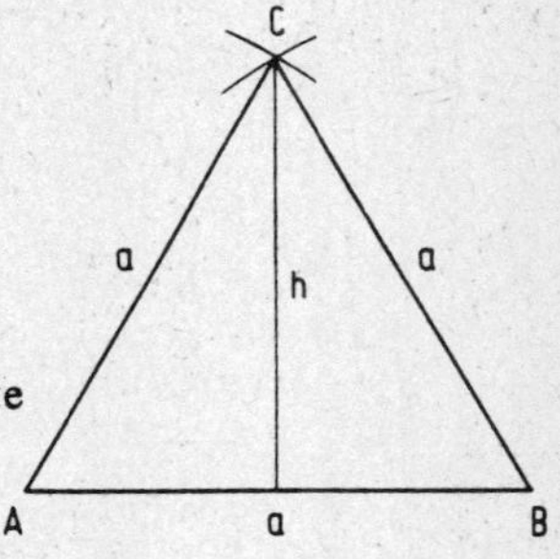

$$A = \frac{a^2 \cdot \sqrt{3}}{4}$$

Abstand Schwerpunkt S von einer Seite

$$S = \frac{a}{6} \cdot \sqrt{3}$$

Parallelogramm

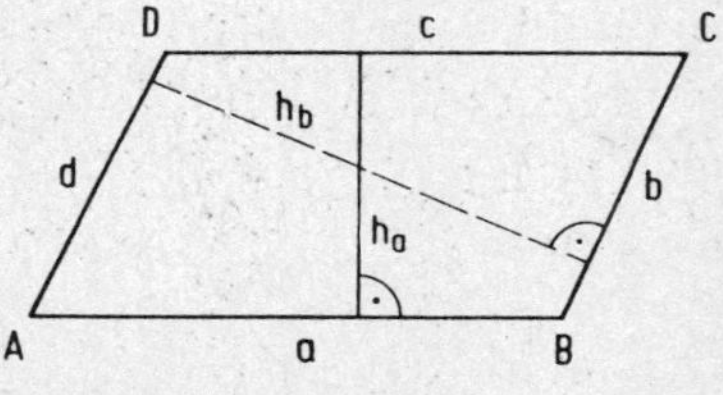

$A = a \cdot h_a = b \cdot h_b = g \cdot h$

g = Grundlinie
h = zugehörige Höhe

Schwerpunkt S = Schnittpunkt der Diagonalen

Quadrat

$e = f = a \cdot \sqrt{2}$

$A = a^2 = \frac{1}{2} e^2$

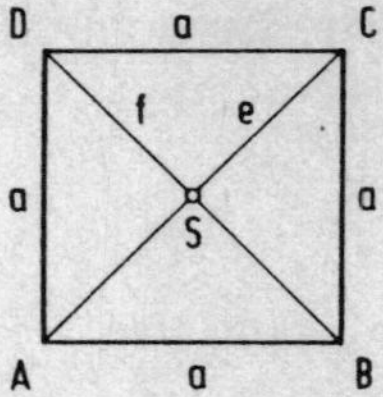

Schwerpunkt S = Schnittpunkt der Diagonalen

Vieleck

Zerlegung in die Dreiecke A+B+C somit

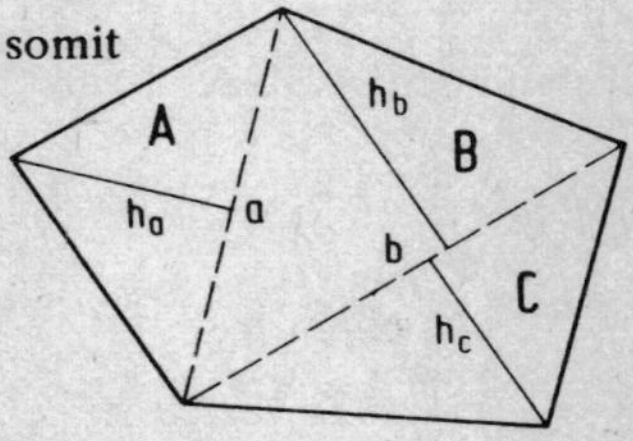

$A = A_A + A_B + A_C$

$$A = \frac{a \cdot h_a + b \cdot h_b + b \cdot h_c}{2}$$

Rechteck

$e = f = \sqrt{a^2 + b^2}$

$A = a \cdot b$

Schwerpunkt S = Schnittpunkt der Diagonalen

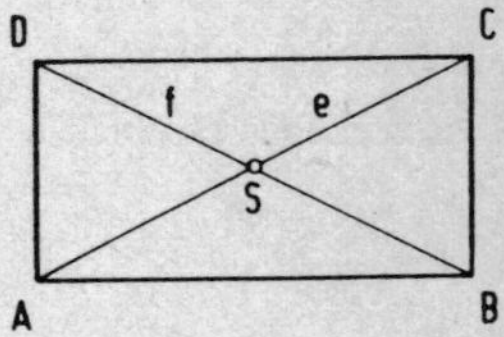

Trapez

$a \parallel c$; $A = \frac{a + c}{2} \cdot h = h \cdot m$

Der Schwerpunkt S liegt auf der Verbindungslinie der Mitten der parallelen Grundseiten im Abstand

$$\frac{h}{3} \cdot \frac{a + 2c}{a + c}$$

von der Grundlinie a

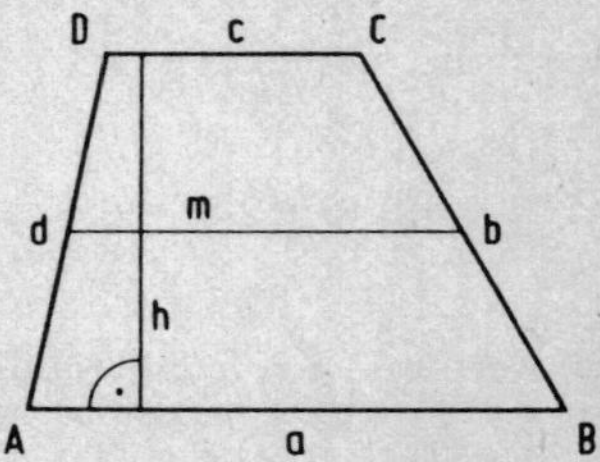

Rhombus (Raute)

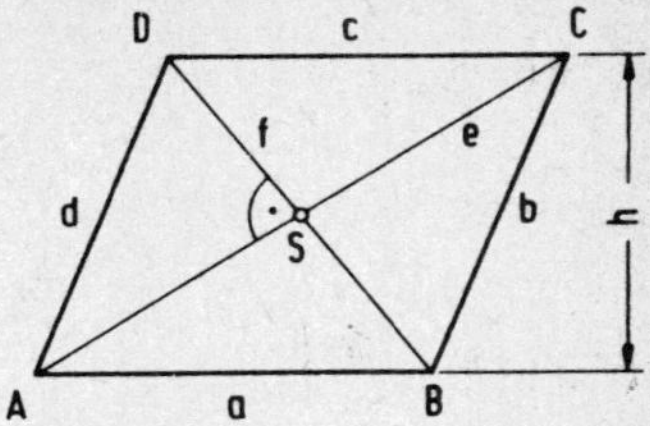

$a = b = c = d$

$$A = \frac{e \cdot f}{2} = a \cdot h$$

Schwerpunkt S = Schnittpunkt der Diagonalen

Kreis

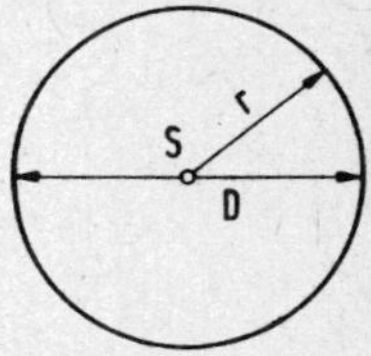

Umfang $U = 2 \cdot \pi \cdot r = \pi \cdot D$

$$A = \pi \cdot r^2 = \frac{\pi \cdot D^2}{4}$$

Kreisring

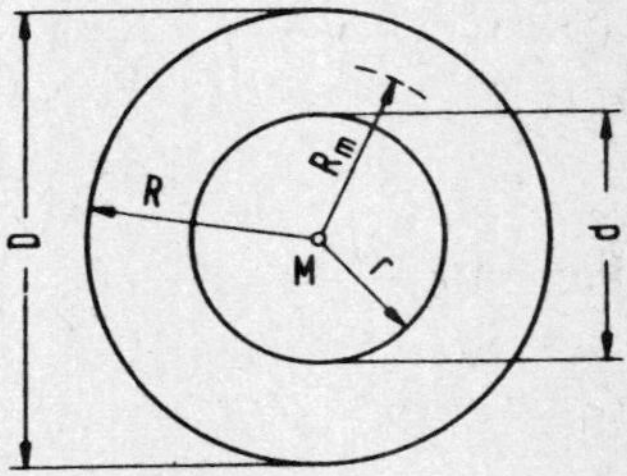

$$A = \pi \cdot (R^2 - r^2) = \frac{\pi}{4}(D^2 - d^2)$$

$A = 2 \cdot \pi \cdot R_m \cdot a$

$a = R - r$

Kreissektor

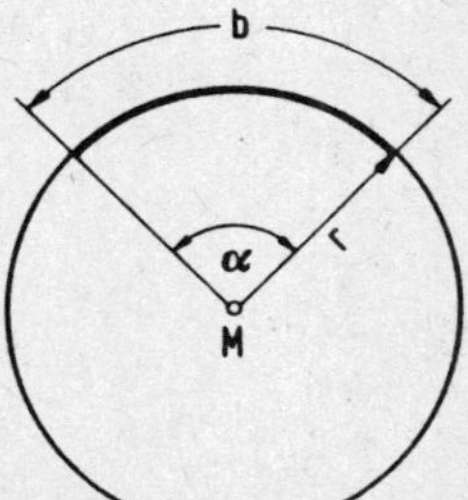

$$A = \frac{\pi \cdot r^2 \cdot \alpha}{360^\circ} = \frac{b \cdot r}{2}$$

$$\text{Bogenlänge } b = \frac{\pi \cdot r \cdot \alpha}{180}$$

$\approx 0{,}0175 \cdot r \cdot \alpha$

Kreisabschnitt - Segment

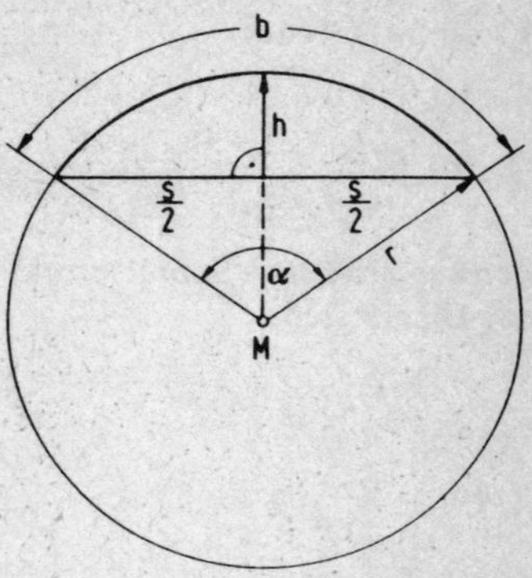

$$A = \frac{1}{2}\,[b \cdot r - s\,(r - h)]$$

$$= \frac{r^2}{2}\left(\frac{\pi \cdot \varphi}{180} - \sin \alpha\right)$$

$$A \approx \frac{2}{3}\,h \cdot s \approx \frac{h}{6_s}\,(3\,h^2 + 4\,s^2)$$

$$b \approx 0{,}0175 \cdot r \cdot \alpha$$

Ellipse

$$A = \frac{\pi \cdot d \cdot D}{4}$$

$$U \approx 1{,}5708\,(D + d) \qquad \frac{6{,}283 \cdot D \cdot d + (D - d)^2}{D + d}$$

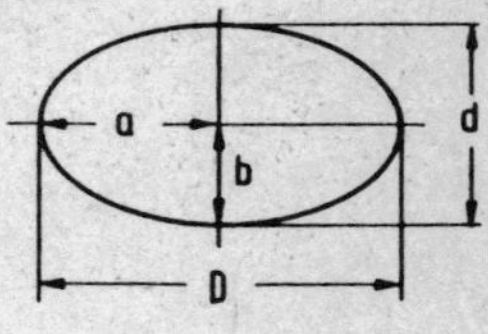

$$U \approx \pi \left[\frac{3}{2}\,(a + b) - \sqrt{a \cdot b}\right]$$

Körper

Allgemein gilt:
A_o = Oberfläche des Körpers
A = Grundfläche
A_M = Mantelfläche

Tetraeder – vier gleichseitige Dreiecke –

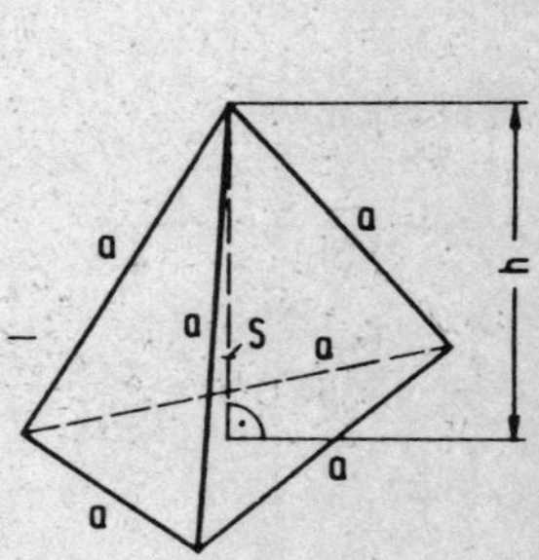

$$V = \frac{a^3 \cdot \sqrt{2}}{12} \qquad A_o = a^2 \cdot \sqrt{3}$$

Keil

$$V = \frac{b \cdot h}{6} \cdot (2 \cdot a + a')$$

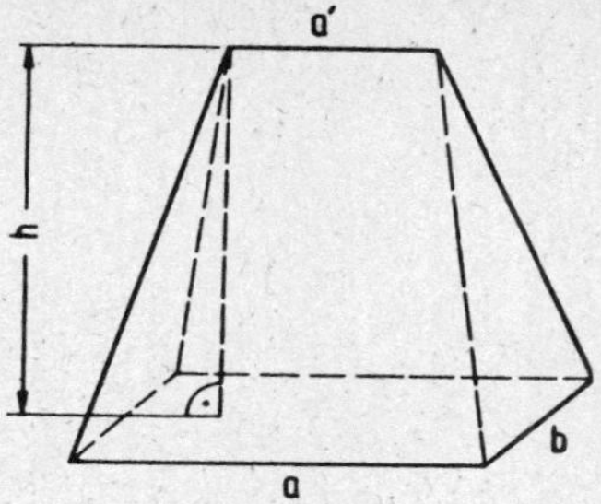

Oktaeder – acht gleichseitige Dreiecke

$$V = \frac{a^3 \cdot \sqrt{2}}{3} \qquad A_o = 2a^2 \cdot \sqrt{3}$$

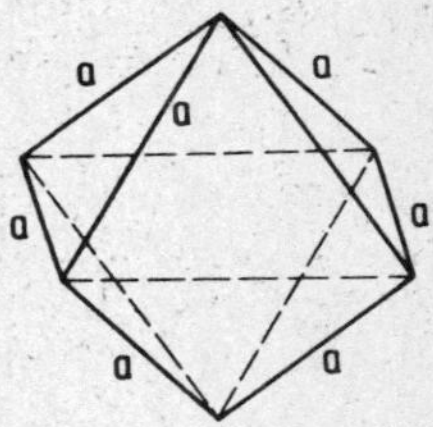

Gerader Kreiszylinder

$$V = \pi \cdot r^2 \cdot h = \frac{\pi \cdot d^2 \cdot h}{4}$$

$$A_M = 2 \cdot \pi \cdot r \cdot h$$

$$A_o = 2 \cdot \pi \cdot r\,(r + h)$$

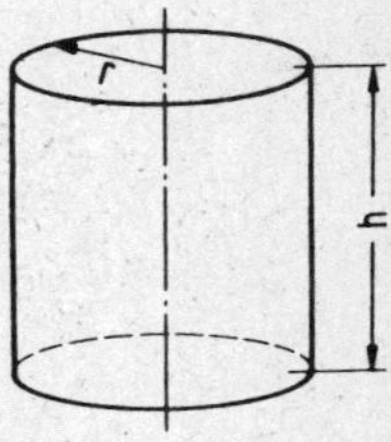

Gerader Hohlzylinder (Rohr)

$$V = \pi \cdot h\left(r_1^2 - r_2^2\right)$$

$$A_M = 2 \cdot \pi \cdot h\,(r_1 + r_2)$$

$$A_o = 2 \cdot \pi\,(r_1 + r_2)$$

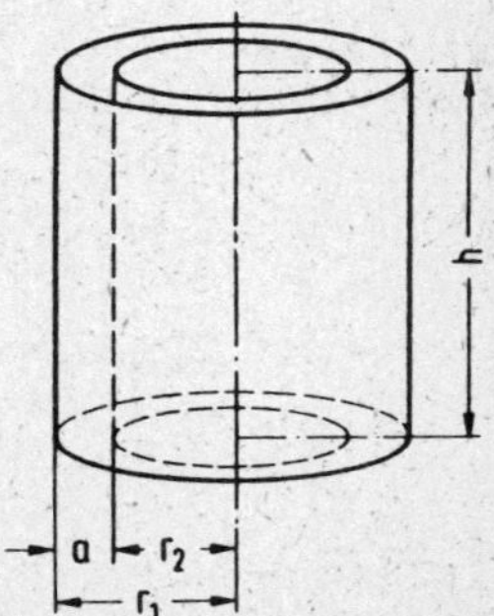

Rechteck (Quader)

$V = a \cdot b \cdot c$
$A_o = 2(a \cdot b + a \cdot c + b \cdot c)$

$d = \sqrt{a^2 + b^2 + c^2}$

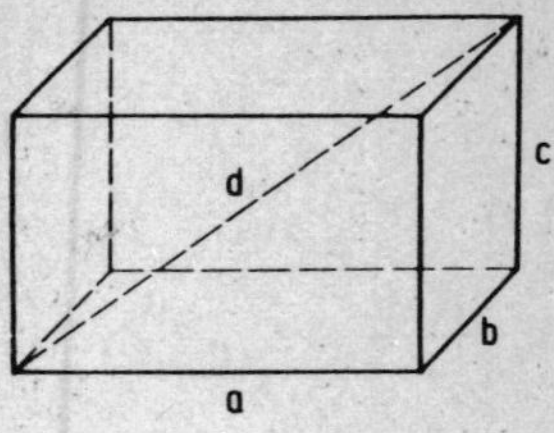

Würfel (Hexaeder)

$V = a^3$
$A_o = 6a^2$
$d = a \cdot \sqrt{3}$

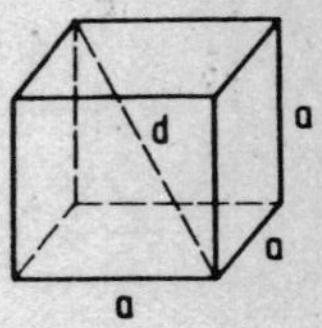

Prisma – gerade oder schief

$V = A \cdot h$
$A_o = A_M + 2A$

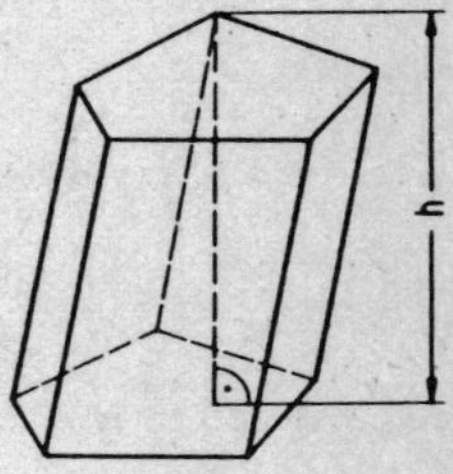

**Schief abgeschnittenes.
gerades dreiseitiges Prisma**

$V = A \frac{a + b + c}{3}$

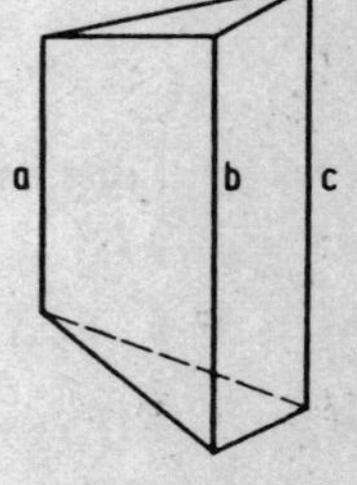

Schief abgeschnittenes schräges dreiseitiges Prisma

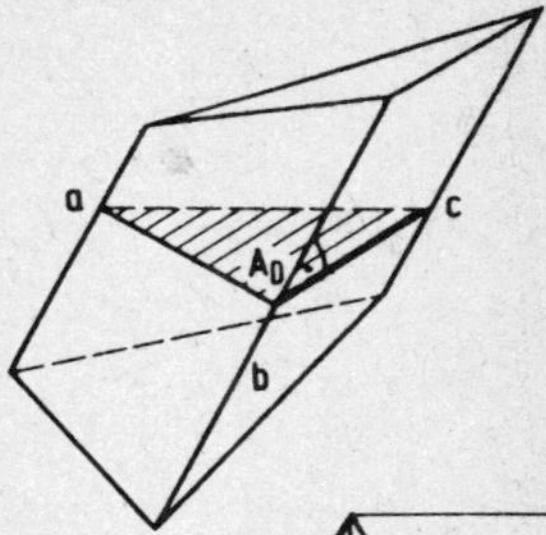

$$V = A_D \frac{a+b+c}{3}$$

Pyramide – gerade oder schief

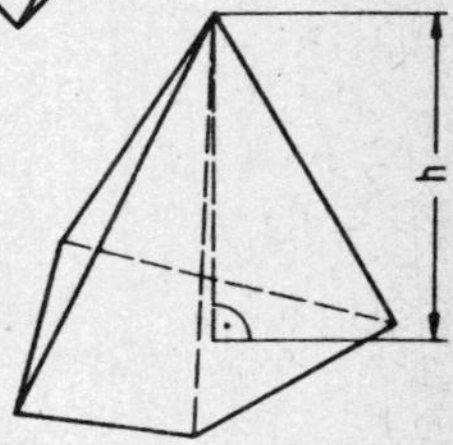

$$V = \frac{1}{3} \cdot A \cdot h \, ; \qquad A_o = A + A_M$$

Schwerpunkt S liegt auf der Verbindungslinie der Spitze mit dem Flächenschwerpunkt der Grundfläche im Abstand $\frac{h}{4}$ von der Grundfläche.

Zylindrischer Ring

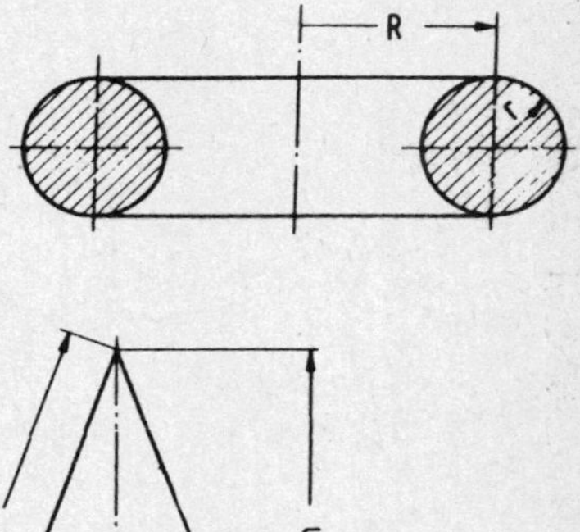

$$V = 2 \cdot \pi^2 \cdot r^2 \cdot R$$
$$A_o = 4 \cdot \pi^2 \cdot r \cdot R$$

Kreiskegel

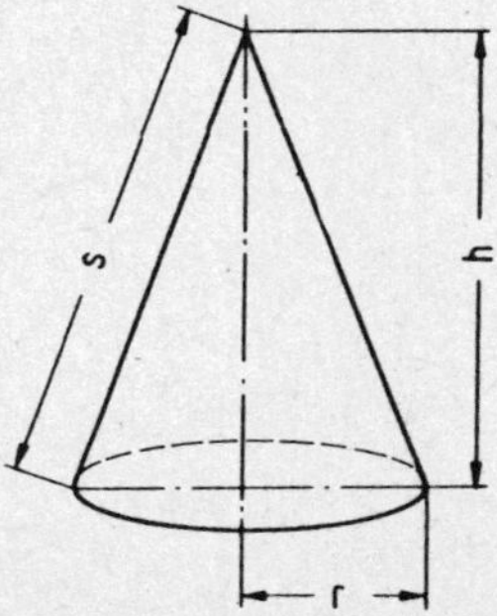

$$V = \frac{1}{3} \cdot \pi \cdot r^2 \cdot h$$
$$A_M = \pi \cdot r \cdot s$$
$$A_o = \pi \cdot r\,(r + s)$$

Kegelstumpf

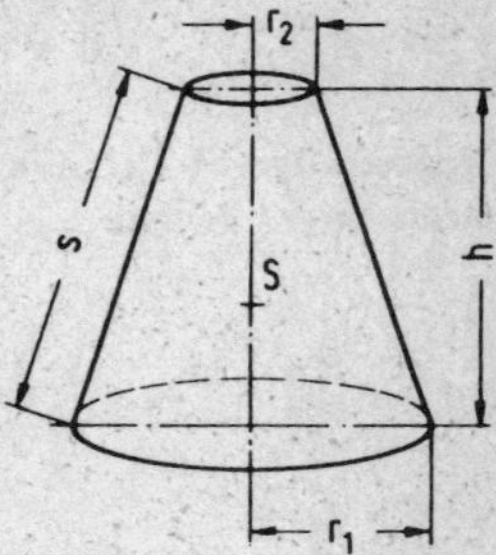

$$V = \frac{1}{3} \cdot \pi \cdot h\left(r_1^2 + r_1 \cdot r^2 + r_2^2\right)$$

$$A_M = \pi \cdot s\,(r_1 + r_2)$$

$$A_o = \pi\,[r_1^2 + r_2^2 + s\,(r_1 + r_2)]$$

Kugel

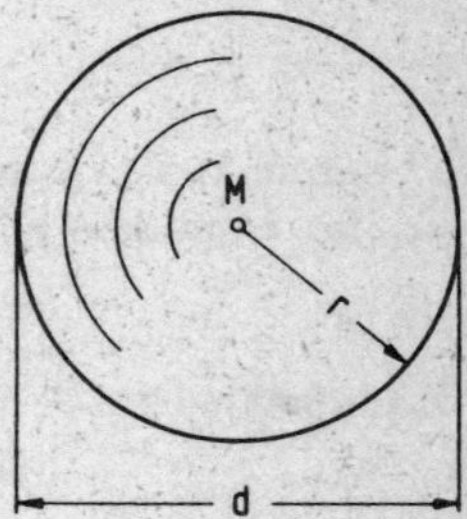

$$V = \frac{4}{3} \cdot \pi \cdot r^3$$

$$A_M = \pi \cdot d^2$$

Kugelsegment

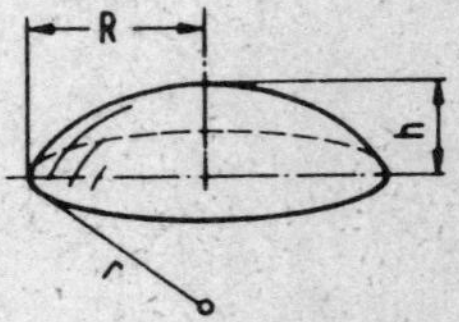

$$V = \frac{1}{6} \cdot \pi \cdot h\,(3R^2 + h^2)$$

$$A_M = 2 \cdot \pi \cdot r \cdot h$$

$$A_o = \pi\,(2 \cdot r \cdot h + R^2)$$

Kugelsektor

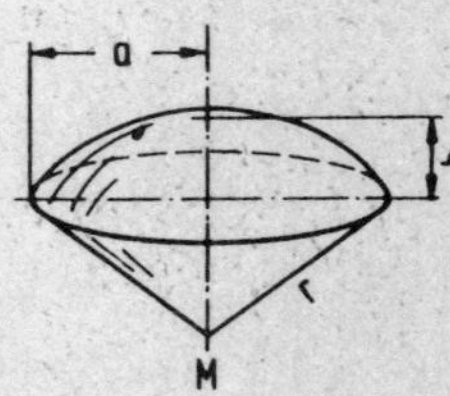

$$V = \frac{2 \cdot \pi \cdot r^2 \cdot h}{3}$$

$$A_o = \pi \cdot r\,(2 \cdot h + a)$$

1.25 Mathematische Kurven und deren Verlauf

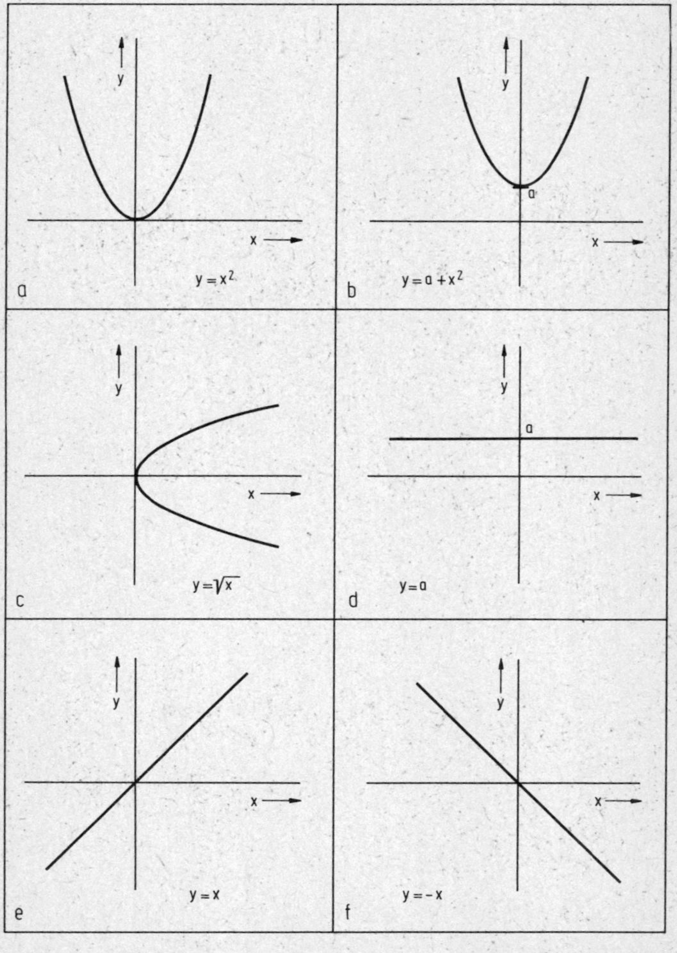

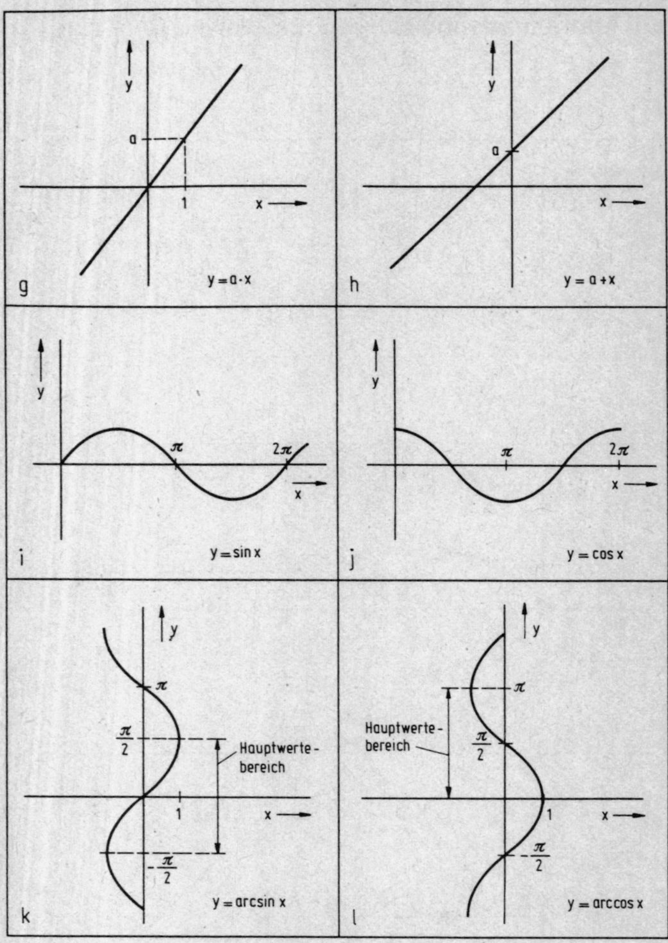
y
a
1
x
g
y = a · x
y
a
x
h
y = a + x
y
π
2π
x
i
y = sin x
y
π
2π
x
j
y = cos x
y
π
π/2
Hauptwerte-
bereich
1
x
-π/2
k
y = arcsin x
y
π
Hauptwerte-
bereich
π/2
1
x
π/2
l
y = arccos x

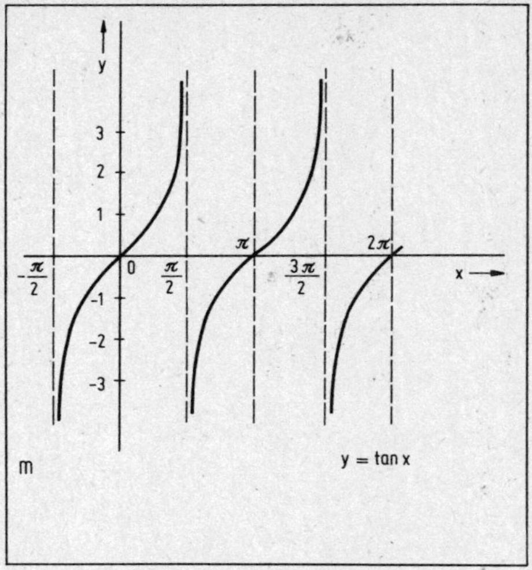
y
3
2
1
-1
-2
-3
$-\frac{\pi}{2}$
0
$\frac{\pi}{2}$
π
$\frac{3\pi}{2}$
2π
x
m
y = tan x

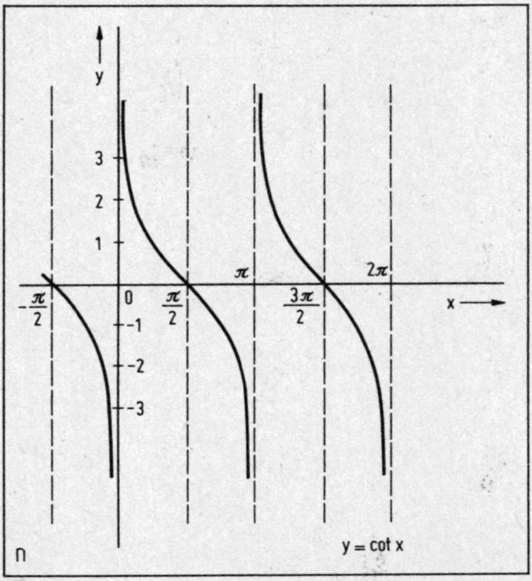
y
3
2
1
-1
-2
-3
$-\frac{\pi}{2}$
0
$\frac{\pi}{2}$
π
$\frac{3\pi}{2}$
2π
x
n
y = cot x

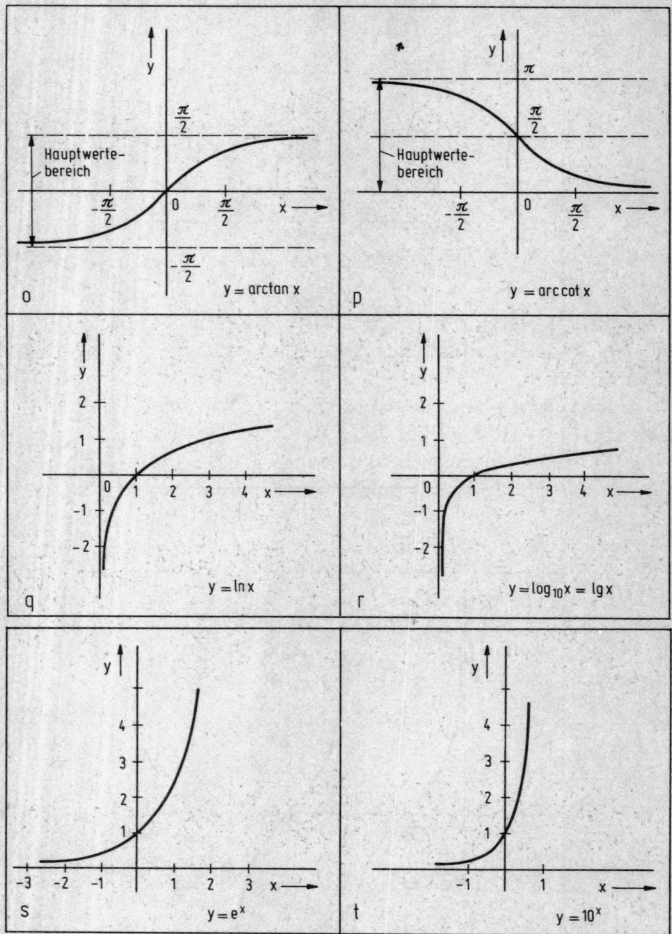
o
Hauptwerte-
bereich
y = arctan x
p
Hauptwerte-
bereich
y = arc cot x
q
y = ln x
r
y = log10 x = lg x
s
y = e^x
t
y = 10^x

2 Codierung von Bauteilen, Schaltzeichen, Bezeichnungen

2.1 Der Farbcode für Widerstände und Kondensatoren

Passive Bauelemente, besonders Widerstände und Kondensatoren, werden anstelle einer alphanumerischen Bezeichnung ihres Wertes mit einen Farbcode versehen. Dieser wird entweder als Ringe, Punkte oder Segmente auf den Körper aufgebracht. Während der Farbcode bei Widerständen und Kondensatoren nach IEC-Empfehlungen internationale Verwendung findet, können bestimmte Bauelemente nach einem speziellen Firmencode gekennzeichnet werden. Die folgenden Tafeln zeigen die gebräuchlichsten Farbkennungen für passive Bauelemente.

Bei dem Farbcode kann die einzelne Farbe bedeuten:

Eine Ziffer oder eine Zehnerpotenz oder eine Spannung oder aber auch einen Kennbuchstaben, der etwas Besonderes aussagen soll.

Farbe	Ziffer	Zehnerpotenz	Toleranz %	Spannung V	Kennbuchstabe
schwarz	0	10^0	± 20	–	A
braun	1	10^1	± 1	100	B
rot	2	10^2	± 2	200	C
orange	3	10^3	± 3	300	D
gelb	4	10^4	*	400	E
grün	5	10^5	± 5	500	F
blau	6	10^6	± 6	600	G
violett	7	10^7	± 12,5	700	–
grau	8	10^{-2}	± 30	800	I
weiß	9	10^{-1}	± 10	900	J
gold	–	10^{-1}	± 5	1000	–
silber	–	10^{-2}	± 10	2000	–
ohne Farbe	–	–	± 20	500	–

* „als Minimalwert garantiert"

Die Farben gold und silber sind leitend und deshalb nicht immer verwendbar. Deshalb hat man dafür die Ausweichmöglichkeiten:

statt gold	für	10^{-1}	weiß,	für	± 5%	grün
statt silber	für	10^{-2}	grau,	für	± 10%	weiß

	silber	gold	0 schwarz	1 braun	2 rot	3 orange	4 gelb	5 grün	6 blau	7 violett	8 grau	9 weiß	Leserichtung 1. 2. 3. 4. 5.	Typ
1. Ring								1. Ziffer						
2. Ring								2. Ziffer						
3. Ring	× 0,01	× 0,1	× 1	× 10	× 100	× 1k	× 10k	× 100k	× 1M	× 10M	× 100M			
4. Ring	± 10%	± 5%			± 2%			ohne 4. Ring ± 20%						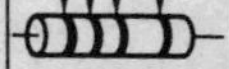
1. Ring								1. Ziffer						
2. Ring								2. Ziffer						
3. Ring								3. Ziffer						
4. Ring	× 0,01	× 0,1	× 1	× 10	× 100	× 1k	× 10k	× 100k	× 1M	× 10M	× 100M			
5. Ring				± 1%	± 2%			± 0,5%						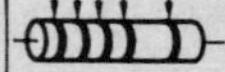
1. Ring								1. Ziffer						
2. Ring								2. Ziffer						
3. Ring			× 1	× 10	× 100	× 1k	× 10k	× 100k	× 1M					
4. Ring	± 10%	± 5%			± 2%			ohne 4. Ring ± 20%						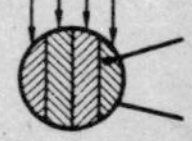

	silber	gold	0 schwarz	1 braun	2 rot	3 orange	4 gelb	5 grün	6 blau	7 violett	8 grau	9 weiß
TK_C-Ring			± 0	−33	−75	−150	−220	−330	−470	−750		
1. Ring	1. Ziffer											
2. Ring	2. Ziffer											
3. Ring			×1 pF	×10 pF	×100 pF	×1 nF	×10 nF	×100 nF			×0,01 pF	×0,1 pF
4. Ring C < 10 pF:				±0,1 pF	±0,25 pF			±0,5 %				±1 pF
4. Ring C ≧ 10 pF:			±20 %	±1 %	±2 %			±5 %				±10 pF
5. Ring					250 V		400 V	100 V	630 V			

Leserichtung 1. 2. 3. 4. 5.

Typ

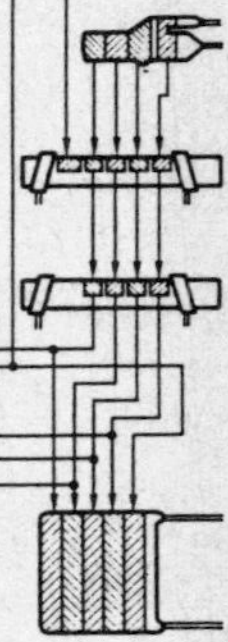

Keramik- und Folienkondensatoren

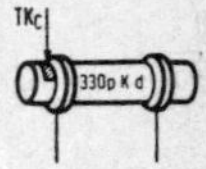

TK_C-Kennung geteilt: (TK$_C$-Ring: breiter Streifen)

rot / violett = +100

orange / weiß / orange = −1500

TK_C [10^{-6}/°C]

blau / braun = −47

Für Kondensatoren mit Buchstabencode ist nebenstehende Tabelle zu benutzen. Zusätzliche Farbkennung weist auf den TK_C-Wert hin und kennzeichnet den Anschluß für den Innenbelag.
Beispiel für Aufdruck:
330 p K d
bedeutet:
330 pF ±10 % 250 V_

Kapazität (Ziffern, Buchstabe[3])		Kapazitätstoleranz (großer Buchstabe) C < 10 pF ; C ≧ 10 pF			Nennspannung[2] (kleiner Buchstabe)	
p 33	0,33 pF	B	±0,1 pF	–	a	50 V_
3 p 3	3,3 pF	C	±0,25 pF	–	b	125 V_
33 p	33 pF	D	±0,5 pF	±0,5 %	c	160 V_
330 p	330 pF	F	±1 pF	±1 %	d	250 V_
n 33	0,33 nF	G	±2 pF	±2 %	e	350 V_
3n3	3,3 nF	H	–	±2,5 %	g	700 V_
33n	33 nF	J	–	±5 %	h	1000 V_
330n	330 nF	K	–	±10 %	u	250 V~
µ33	0,33 µF	M	–	±20 %	v	350 V~
		P	–	+100/−0 %	w	500 V~
		R	–	+30/−20 %		
		S	–	+50/−20 %		
		Z	–	+80/−20 %		

1) Buchstaben soweit Platz vorhanden
2) Nennspannung 400 V_ wird nicht gekennzeichnet
3) Buchstabe bedeutet Multiplikator u. steht an Kommastelle

Kennfarbenpunkt für TK_C-Kennung nach DIN 41 920 (IEC: International Electrotechnical Comm.)	Keramikbezeichnung	Farbe nach DIN 41 341	TK_C 10^{-6}/°C	Toleranzen von TK 10^{-6}/°C Gruppe 1A	Toleranzen von TK 10^{-6}/°C Gruppe 1B	tan δ *) 10^{-3} 20 °C, 1 MHz
hellrot-violett	P 100	rot	+100	±15	±40	0,3
dunkelgrau	P 033	orange	+33	±15	±40	0,3
schwarz	NP 0	orange	±0	±15	±40	0,4
braun	N 033	orange	−33	±15	±40	0,4
dunkelrot	N 047	hellgrün	−47	±15	±40	0,4
hellrot	N 075	hellgrün	−75	±15	±40	0,4
hellgrün	N 110	hellgrün	−110	±15	±40	0,4
orange	N 150	hellgrün	−150	±15	±40	0,4
gelb	N 220	dunkelgrün	−220	±15	±40	0,4
dunkelgrün	N 330	dunkelgrün	−330	±25	±60	0,5
hellblau	N 470	gelb	−470	±35	±90	0,5
violett	N 750	blau	−750	±60	±120	0,4
dunkelblau	N 1500	violett	−1500	–	±250	0,6

*) Früher tg δ geschrieben: Verlustfaktor-Richtwerte bei Kondensatoren mit Kapazitätswerten größer als 25 pF

	silber	gold	0 schwarz	1 braun	2 rot	3 orange	4 gelb	5 grün	6 blau	7 violett	8 grau	9 weiß	Leserichtung 1. 2. 3. 4.	Typ
1. Ring			1. Ziffer											Tantalkondensatoren
2. Ring			2. Ziffer											
3. Ring			×1	×10	×100					×0,001	×0,01	×0,1		
4. Ring			10V	1,5V	35V rosa		6,3V	16V	20V		25V	3V		
3. Ring (Typ D)				×10	×100	×1k	×10k	×100k	×1M	×10M				
4. Ring (Typ D)			4V	6V	10V	15V	20V	25V	35V	50V				
1. Ring*				1V	1,35V							1,5V		VDR-Widerstand z.B. Valvo
1. Ring	±10%													

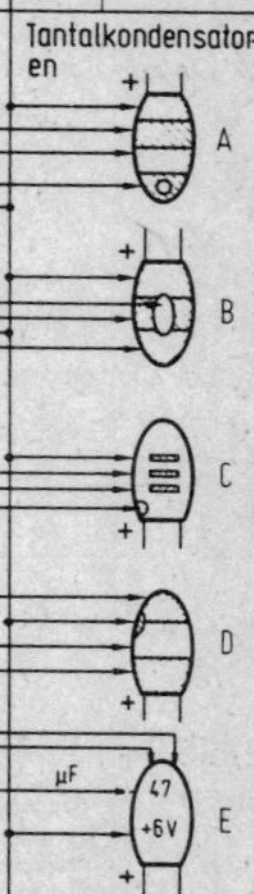

Fur Polkennung siehe Farbkreise im Anschlußschema

Typ A z.B. SEL-ITT
B z.B. ITT-Siemens-Bosch-Valvo
C z.B. Siemens-Roederstein
D z.B. Union Carbide (Kemet)
E numerische Kennzeichnung

Kapazitatswerte A / B / C [µF]
D [pF]
E [µF]

Beispiele
gelb-violett-weiß-gelb 4,7µF / 6,3V
gelb-violett-grun-braun 4700000 pF/ ≙ 4,7µF 6V
47 µF
6 V

*Spannung in Durchlaßrichtung ± 10%
weißer Punkt : Katode

ohne Streifen ± 20%

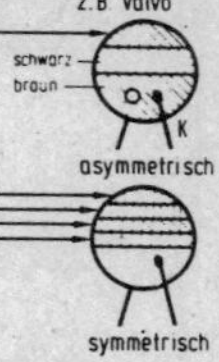

Meß-	strom			Meßspannung
100 mA	1 mA	braun	blau	8V
100 mA	1 mA	braun	grau	10V
10 mA	1 mA	rot	schwarz	12V
10 mA	1 mA	rot	rot	15V
10 mA	1 mA	rot	gelb	18V
10 mA	1 mA	rot	blau	22V
10 mA	1 mA	rot	grau	27V
1 mA	1 mA	orange	schwarz	33V
1 mA	1 mA	orange	rot	39V
1 mA	1 mA	orange	gelb	47V

		Meßspannung
orange	blau	56V
orange	grau	68V
gelb	schwarz	82V
gelb	rot	82V
gelb	gelb	82V
gelb	blau	82V
gelb	grau	82V
grün	schwarz	82V
grun	rot	82V
grun	gelb	82V

Ziffern gibt man im Farbcode in der Regel zwei, selten drei an. Man wählt sie meist einer E-Reihe gemäß. Es handelt sich dabei um die ersten zwei oder drei Ziffern, wovon die letzte durch Auf- oder Abrunden entstanden sein kann.
Für die Zehnerpotenz gibt der positive Exponent der Zehnerpotenz die an die zwei oder drei Ziffern anzufügenden Nullen an. Der negative Exponent besagt, wie viele Stellen das Komma nach links zu rücken ist.
Für die Toleranz besagt schwarz oder keine Angabe ± 20%. Meistens findet man für ± 10% silber und für ± 5% gold.
Bei der Spannung handelt es sich üblicherweise um die Angabe des im Dauerzustand höchstzulässigen Wertes.
Der Kennbuchstabe charakterisiert eine besondere Eigenschaft – z.B. für Kondensatoren den Temperaturkoeffizienten oder für Widerstände die Belastbarkeit.

2.2 Farbcode für Induktivitäten (Siemens)

Die Codierung des Induktivitätswertes und der Toleranz erfolgt durch Farbringe nach IEC-Publikation 62–1974 (Grundeinheit μH).

Bedeutung der Farbringe:

1. Ring: 1. Wertziffer des Induktivitätswertes.
2. Ring: 2. Wertziffer des Induktivitätswertes.
3. Ring: Multiplikator, d.h. die Zehnerpotenz, mit der die zwei ersten Ziffern zu multiplizieren sind.
4. Ring: Toleranz des Induktivitätswertes.

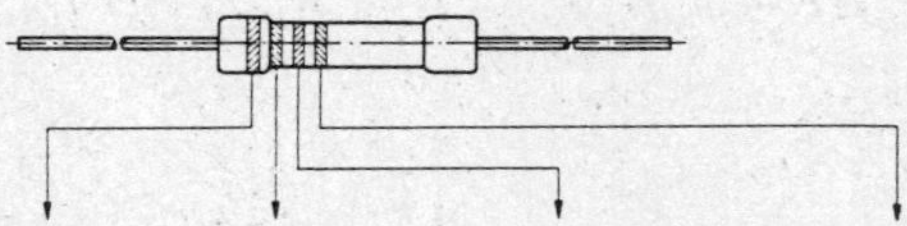

Kennfarbe	1. Ring = 1. Wertziffer	2. Ring = 2. Wertziffer	3. Ring = Multiplikator	4. Ring = Toleranz
farblos	–	–	–	± 20 % (M)
silber	–	–	x 10^{-2} μH = 0,01 μH	± 10 % (K)
gold	–	–	x 10^{-1} μH = 0,1 μH	± 5 % (J)
schwarz	–	0	x 10^{0} μH = 1 μH	
braun	1	1	x 10^{1} μH = 10 μH	
rot	2	2	x 10^{2} μH = 100 μH	
orange	3	3		
gelb	4	4		
grün	5	5		
blau	6	6		
violett	7	7		
grau	8	8		
weiß	9	9		

Beispiele:

1. Ring	2. Ring	3. Ring	4. Ring
gelb	violett	gold	silber
4	7	x 0,1 μH	± 10 % = 47 · 0,1 μH ± 10 % = 4,7 μH ± 10 %
braun	grün	rot	gold
1	5	x 100 μH	± 5 % = 15 · 100 μH ± 5 % = 1500 μH ± 5 %

☆ Sonderbauformen entsprechend Kundenspezifikation sind durch weißen Toleranzring gekennzeichnet.

2.3 Farbcode für Induktivitäten (Jahre)

Der Nenninduktivitätswert in micro Henry (μH) wird in Zahlen und Buchstaben nach folgendem Schlüssel angegeben: Induktivitätswerte kleiner 100 μH werden mit drei Zahlen, die den bestimmten Wert bezeichnen und dem Buchstaben (R), der die Dezimalstelle angibt, gekennzeichnet. Z.B.:

0,68 μH = R680
6,8 μH = 6R80
68,0 μH = 68R0

Induktivitätswerte gleich oder größer 100 μH werden mit vier Zahlen gekennzeichnet. Die ersten drei Zahlen bezeichnen den Induktivitätswert und die letzte Zahl gibt die Anzahl der folgenden Nullen an. Z.B.:

680 μH = 6800
6800 μH = 6801
68 mH = 68000 μH = 6802

Zur Kennzeichnung der HF-Induktivitäten werden ein breiter silberner Ring und vier schmale Ringe verschiedener Farben aufgedruckt.
Der breite silberne Ring zeigt den Beginn der Zählrichtung an.
Der 2. bis 4. Ring gibt die Induktivität in micro Henry (μH) an.
Der 5. Ring kennzeichnet die Toleranz in Prozent.

Farbe	Wert	Multiplikator	Toleranz %
schwarz	0	1	–
braun	1	10^1	± 1 (F)
rot	2	10^2	± 2 (G)
orange	3	10^3	–
gelb	4	10^4	–
grün	5	10^5	± 0,5 (D)
blau	6	10^6	–
violett	7	10^7	–
grau	8	10^8	–
weiß	9	10^9	–
gold	decimal	–	± 5 (J)
silber	–	–	± 10 (K)
ohne*	–	–	+ 20 (M)

*Grundfarbe des Spulenkörpers/body color of coil

Beispiele:

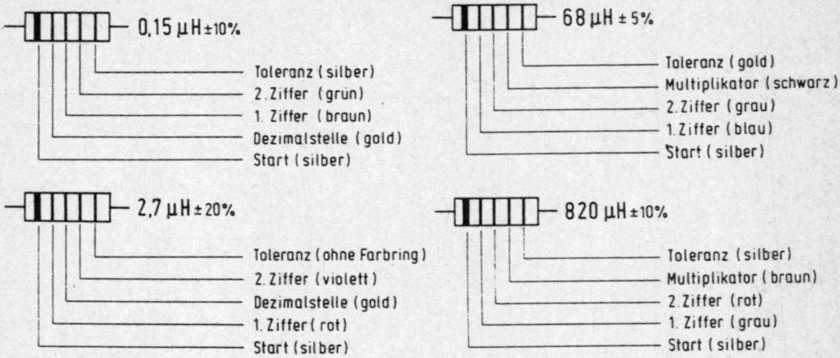

2.4 Spezieller Code bei Kondensatoren

Kennzeichnung

Eigenschaften und Anwendungen der Gruppen I und II:

Gruppe I

Eigenschaften:

Weitgehende lineare positive oder negative Abhängigkeit der Kapazität von der Temperatur.
Hohe Kapazitäts-Stabilität.
Enge Kapazitäts-Toleranzen.
Kleine Verluste.
Hoher Isolationswiderstand.
Keine Spannungsabhängigkeit der Kapazität.
Gut geeignet für hohe Frequenzen.

Anwendungen:

Als Schwingkreis- und Filter-Kondensator.
Kopplung und Entkopplung in Hf-Kreisen, wenn geringe Verluste und enge Kapazitäts-Toleranzen erforderlich sind.

Gruppe II

Eigenschaften:

Große Kapazitäten bei kleinen Abmessungen.
Nichtlineare Abhängigkeit der Kapazität von der Temperatur und Spannung.
Größere Verluste.

Anwendungen:

Koppel- und Entkoppel-Kondensator in Fällen, wo enge Einbauräume, etwas höhere Verluste und keine große Stabilität der Kapazität eine Rolle spielen.

Kennzeichnung keramischer Kleinkondensatoren durch Farbpunkte oder -ringe

		1. (größerer) Farbpunkt oder -ring			2. Farbpunkt oder -ring	3. Farbpunkt oder -ring	4. Farbpunkt oder -ring	5. Farbpunkt oder -ring	
Keramische Masse (DIN)	Kennfarbe	Temperaturbeiwert und	-Toleranz für Gruppe IA	-Toleranz für Gruppe IB	Kapazitätswert (pF) 1. Ziffer	Kapazitätswert (pF) 2. Ziffer	Multiplikator	Kapazitäts-Toleranz für Kapazitäten ≦10 pF	Kapazitäts-Toleranz für Kapazitäten >10 pF
		(10^{-6}/pF grd)							
NP 0	Schwarz	± 0	± 15	± 30		0	1	±2 pF	±20 %
N 033	Braun	− 33	± 15	± 30	1	1	10	±0,1 pF	± 1 %
N 075	Rot	− 75	± 15	± 30	2	2	10^2	±0,25 pF	± 2 %
N 150	Orange	− 150	± 15	± 30	3	3	10^3		
N 220	Gelb	− 220	± 15	± 30	4	4	10^4		
N 330	Grün	− 330	± 25	± 60	5	5		±0,5 pF	± 5 %
N 470	Hellblau	− 470	± 35	± 80	6	6			
N 750	Violett	− 750	± 60	±120	7	7			
P 033	Grün/Blau	+ 33	± 15	± 30	8	8	10^{-2}		
–	Weiß				9	9	10^{-1}	±1 pF	±10 %
P 100	Rot/Violett	+ 100	± 15	± 30					
N 047	Blau/Braun	− 47	± 15	± 30					
N 1500	Orange/Orange	−1500	±120	±250					
	Gold	+ 100							

Kennzeichnung der Werte

Die Kennzeichnung erfolgt entweder im Klartext oder gemäß dem internationalen Farbcode. Bei kleinen Abmessungen werden die untenstehenden Codebuchstaben verwendet:

Kapazitäts-Toleranz-Zeichen	$\leq$10 pF in pF	>10 pF in %	Nenn-Spannungs-Zeichen	Nenngleich-spannung
B	± 0,1		a	50 V
C	± 0,25		b	125 V
D	± 0,5	± 0,5	c	160 V
F	± 1	± 1	d	250 V
G	± 2	± 2	e	350 V
H	–	± 2,5	–	500 V
J	–	± 5	g	700 V
K	–	± 10	h	1000 V
M	–	± 20		
P	–	– 0 + 100	u	250 V~
R	–	– 20 + 30	v	350 V~
S	–	– 20 + 50	w	500 V~
Z	–	– 20 + 100		

Elektrische Werte

Temperaturkoeffizient des Dielektrikums

Das Dielektrikum der Gruppe I liegt zwischen 15 . . . 150. Gruppe II erreicht weitaus höhere Kapazitäten bei gleichen oder kleinerem Bauvolumen mit höherer Dielektrizitätskonstante $\epsilon \approx 1000 \ldots 10000$.
Die folgende Tabelle gibt eine Übersicht über die wichtigsten Daten der Gruppe I und II.
Der Verlauf des Temperaturkoeffizienten ist in der *Abb. 2.5.4-1* gezeigt.

Gruppe I, professionelle Anwendung

Buchstabe	TK_C ($10^{-6}/^oC$)	DIN-Bezeichng.	Farbcode	TK-Toleranzen in $10^{-6}/^oC$ zwischen + 25 u. + 85 ^oC			Dielektrizitätskonstante
				erweitert	normal IB	eingeengt IA	
A	+ 100	P 100	rot/violett	± 100	± 30	–	18
B	+ 33	P 33	grün/blau	± 60	± 30	–	
C	± 0	NP 0	schwarz	± 60	± 30	± 15	40
H	– 33	N 33	braun	± 60	± 30	± 15	
J	– 47	N 47	braun/blau	–	–	± 15	
L	– 75	N 75	rot	± 75	± 30	± 15	42
P	– 150	N 150	orange	± 80	± 30	± 15	45
R	– 220	N 220	gelb	–	± 40	± 20	50
S	– 330	N 330	grün	± 120	± 60	± 25	54
T	– 470	N 470	blau	–	± 80	± 35	65
U	– 750	N 750	violett	± 250	± 120	± 60	90
V	–1500	N 1500	orange/orange	–	± 250	–	120
K	–2200	N 2200		–	± 500	±250	

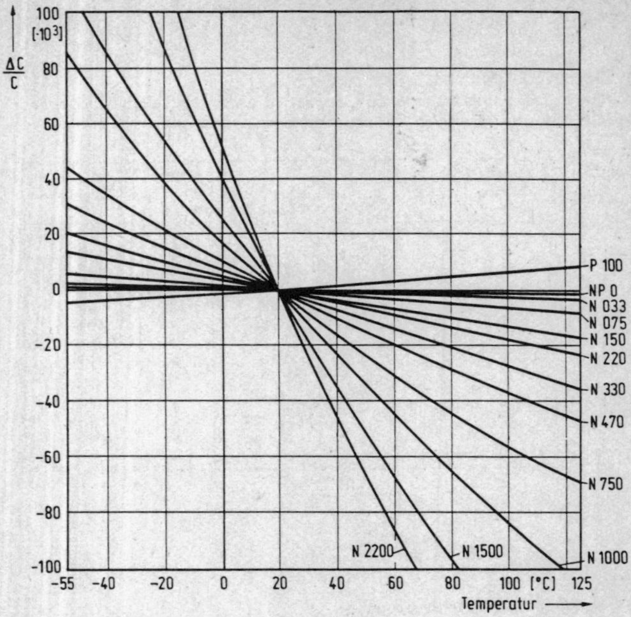

Gruppe I, Unterhaltungselektronik

Buchstabe	Temperaturkoeffizient ($10^{-6}/^{o}C$)	TK-Toleranzen in $10^{-6}/^{o}C$		
		Klasse 3	Klasse 2	Klasse 1
A	+ 100	± 40	± 100	–
H	– 33	± 40	–	–
P	– 150	± 40	± 75	–
U	– 750	± 120	± 250	± 500
K	– 2200	–	± 500	–

bei Kondensatoren der Gruppe II:

Buchstabe	Dielektrizitäts-konstante	Kapazitätsänderung in % zwischen – 10 und + 70°C		– 55 und + 85°C	
Z	ca. 1500	– 20%	+ 10%	± 20%	
W	ca. 4000	– 30%	+ 20%	– 50%	+ 10%
E	ca. 4000	– 30%	+ 10%		
X	ca. 6000	– 50%	+ 30%	– 70%	+ 10%
Y	ca. 10000	– 70%	+ 30%		
O		TK nicht definiert			

2.5 Widerstandsreihen

Die Benutzung dieser Normreihen ergibt vereinfachte Planung und Lagerhaltung sowie Austauschmöglichkeiten.

Pro Dekade ergeben sich die folgenden Werte mit den entsprechenden Toleranzangaben, wobei der Faktor der Abstufung der einzelnen Reihen sich aus dem Ansatz $F = \sqrt[x]{10}$ herleitet. Für x ist je nach Reihe zu setzen 6 - 12 - 482 - 96 - 192.

E 3	E 6 ± 20%	E 12 ± 10%	E 24 ± 5 %	E 48 ± 2%	E 96 ± 1%	E 192 ± 0,5%
100	100	100	100	100	100	100
						101
					102	102
						104
				105	105	105
						106
					107	107
						109
			110	110	110	110
						111
					113	113
						114
				115	115	115
						117
					118	118
		120	120			120
				121	121	121
						123
					124	124
						126
				127	127	127
						129
			130		130	130
						132
				133	133	133
						135
					137	137
						138

E 3	E 6 ± 20%	E 12 ± 10%	E 24 ± 5%	E 48 ± 2%	E 96 ± 1%	E 192 ± 0,5%
				140	140	140
						142
					143	143
						145
				147	147	147
						149
	150	150	150		150	150
						152
				154	154	154
						156
					158	158
			160			160
				162	162	162
						164
					165	165
						167
				169	169	169
						172
					174	174
						176
				178	178	178
		180	180			180
					182	182
						184
				187	187	187
						189
					191	191
						193
				196	196	196
						198
			200		200	200
						203
				205	205	205
						208
					210	210
						213
				215	215	215
						218
220	220	220	220		221	221
						223
				226	226	226
						229

E 3	E 6 ± 20%	E 12 ± 10%	E 24 ± 5%	E 48 ± 2%	E 96 ± 1%	E 192 ± 0,5%
					232	232
						234
				237	237	237
			240			240
					243	243
						246
				249	249	249
						252
					255	255
						258
				261	261	261
						264
		270	270		267	267
						271
				274	274	274
						277
					280	280
						284
				287	287	287
						291
					294	294
						298
			300	301	301	301
						305
					309	309
						312
				316	316	316
						320
					324	324
	330	330	330			328
				332	332	332
						336
					340	340
						344
				348	348	348
						352
			360		357	357
						361
				365	365	365
						370
					374	374
						379

E 3	E 6 ± 20%	E 12 ± 10%	E 24 ± 5%	E 48 ± 2%	E 96 ± 1%	E 192 ± 0,5%
				383	383	383
						388
		390	390		392	392
						397
				402	402	402
						407
					412	412
						417
				422	422	422
						427
			430		432	432
						437
				442	442	442
						448
					453	453
						459
				464	464	464
470	470	470	470			470
					475	475
						481
				487	487	487
						493
					499	499
						505
			510	511	511	511
						517
					523	523
						530
				536	536	536
						542
					549	549
						556
		560	560	562	562	562
						569
					576	576
						583
				590	590	590
						597
					604	604
						612

E 3	E 6 ± 20%	E 12 ± 10%	E 24 ± 5%	E 48 ± 2%	E 96 ± 1%	E 192 ± 0,5%
			620	619	619	619
						626
					634	634
						642
				649	649	649
						657
					665	665
						673
	680	680	680	681	681	681
						690
					698	698
						706
				715	715	715
						723
					732	732
						741
			750	750	750	750
						759
					768	768
						777
				787	787	787
						796
					806	806
		820	820			816
				825	825	825
						835
					845	845
						856
				866	866	866
						876
					887	887
						898
			910	909	909	909
						920
					931	931
						942
				953	953	953
						965
					976	976
						988

2.6 Zeichnungs- und Bauteilenormung

Schaltzeichen – Antennen (DIN 40 700 Bl 3)

Schaltzeichen	Bedeutung, Benennung	Schaltzeichen	Bedeutung, Benennung
+ 	Antenne allgemein	+ 	Zeichen für horizontale Polarisation
+ 	Sendeantenne	+ 	Zeichen für vertikale Polarisation
+ 	Empfangsantenne	+ 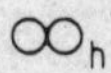	Richtcharakteristik, z.B. horizontales Strahlungsdiagramm einer Rahmenantenne
+ 	Rahmenantenne	+ 	Zeichen für Peilwirkung einer Antenne
+ 	Rahmenantenne, abgeschirmt	+ 	Peilantenne

 +	Kreuzrahmenantenne	 +	Zeichen für Rotation des Richtdiagramms
 +	Ferritantenne	 +	Radarantenne, rotierend
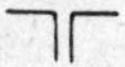 +	Dipolantenne, Dipol	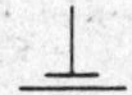 +	Gegengewicht
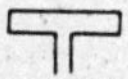 +	Schleifendipol	 +	Hornstrahler
 +	Schleifendipol mit Reflektorwand	 +	Parabolantenne, Parabolreflektor
+	Reflektorstab	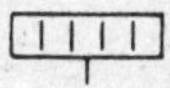 +	Schlitzantenne
 +	Dipolantenne mit einem Reflektorstab und drei Direktorstäben	 +	Wendelantenne

Schaltzeichen – Zeichen für Einstellbarkeit und Veränderbarkeit (DIN 40 712)

Schalt-zeichen	Bedeutung, Benennung	Schalt-zeichen	Bedeutung, Benennung
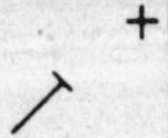	einstellbar durch mechanische Verstellung, allgemein		veränderbar durch mechanische Verstellung, allgemein
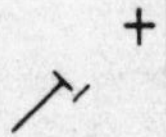	einstellbar, stetig		veränderbar, stetig, linear
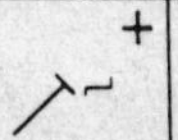	einstellbar, stufig	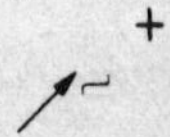	veränderbar, stufig
			veränderbar, stetig, nicht linear

Diese Zeichen werden nur im Zusammenhang mit Schaltzeichen verwendet (siehe z.B. Widerstände, Kondensatoren, Induktivitäten).

Einstellbar bedeutet: Der Einstellvorgang wird durchgeführt zum Einstellen auf einen bestimmten Wert (Trimmpotentiometer), er geschieht z.B. beim Abgleich eines Gerätes in der Fertigung, im Service/Wartungsdienst.

Veränderbar heißt: Veränderung beim Betrieb, bei Benutzung des Gerätes, z.B. Drehkondensator beim Abstimmen auf einen Sender, Lautstärkesteller zum Einstellen der gewünschten Lautstärke.

Schaltzeichen für Ohmsche Widerstände (DIN 40 712)

+ 	Widerstand, allgemein	+ 	rein Ohmscher Widerstand
+ 	Widerstand, allgemein	+ 	Scheinwiderstand (Phasenwinkel beliebig)
+ 	Widerstand mit Anzapfungen	+ 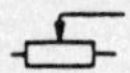	Widerstand mit Schleifkontakt
+ 	stufig einstellbarer Widerstand	+ 	Potentiometer

Seitenverhältnis des Widerstands-Schaltzeichens
Schmalseite : Langseite = 1 : $\geqq$ 2

Schaltzeichen – Kondensatoren (DIN 40 711, 40 712)

Schalt-zeichen	Bedeutung, Benennung	Schalt-zeichen	Bedeutung, Benennung
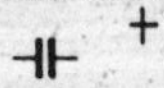	Kondensator, allgemein	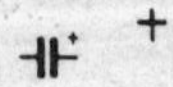	Kondensator, gepolt
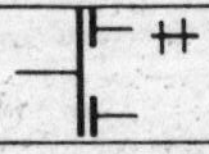	Mehrfach-Festkondensator	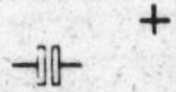	ungepolter Elektrolytkondensator
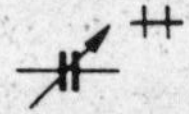	Drehkondensator	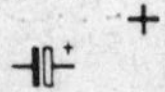	Elektrolytkondensator, gepolt
	mechanisch gekuppelte Drehkondensatoren	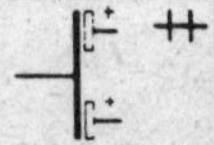	Mehrfach-Elektrolytkondensator
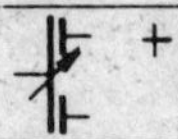	Differentialkondensator	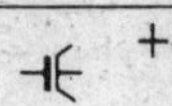	Kondensator mit Darstellung des Außenbelags
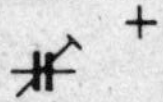	Trimmer		Durchführungskondensator, koaxial
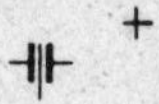	Kondensator mit Anzapfung	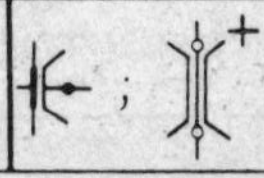	Durchführungskondensator

Bei diesen Schaltzeichen 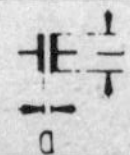 soll a = 0,2 . . . 0,3 · l sein

Schaltzeichen-Induktivitäten (DIN 40712)

 +	Wicklung, Induktivität allgemein		Luftspule, Luftdrossel (ausdrücklich ohne Kern)
 +	Wicklung, allgemein		Wicklung mit Massekern, Drosselspule mit Massekern
 +	Wicklung, allgemein	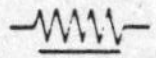	Tonfrequenzdrossel
 +	Wicklung mit Anzapfungen		HF.-Spule
 +	Wicklung mit Kern, vornehmlich aus magnetischem Werkstoff	 ++ Cu	Wicklung mit Kern aus Kupfer
 +	Wicklung mit Kern aus magnetischem Werkstoff und mit Luftspalt	 +	Wicklung geschirmt

Bei dem Schaltzeichen  Seitenverhältnis Breite : Länge = 1 : $\geqq$ 2

Nach der neuen Norm ist es auch zulässig, die Kondensatorplatten, -beläge dünn, wie die Zuführungen, zu zeichnen. Das dient der Zeichenerleichterung.

Schaltzeichen – Transformator, Übertrager, Wandler (DIN 40 712)

Schalt-zeichen	Bedeutung, Benennung	Schalt-zeichen	Bedeutung, Benennung
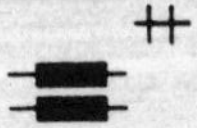	Transformator, Übertrager, Wandler, allgemein		Transformator, Übertrager, ausdrücklich ohne Kern
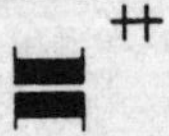	Transformator, Übertrager, Wandler, allgemein		Transformator mit Massekern
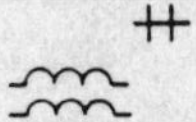	Transformator, Übertrager, Wandler, allgemein	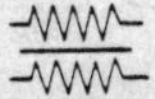	Transformator (häufige Darstellung)
	Transformator mit Eisenkern	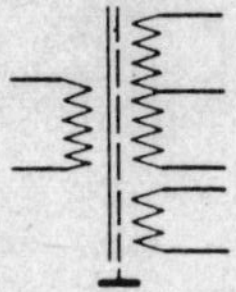	Netztransformator mit abgeschirmter Primärwicklung (häufige Darstellung)
	Transformator mit Eisenkern und Luftspalt		
	Transformator mit Kern aus Kupfer		Transformator, geschirmt

Schaltzeichen – Stromquellen, Sicherungen, Erde/Masse (DIN 40 712, 40 713)

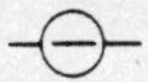 1)	Gleichstromquelle mit eingezeichneter Polarität	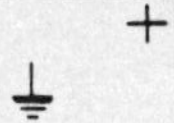	Erde, allgemein
 2)	Wechselstromquelle, technische Frequenz		Betriebserde
 3)	Wechselstromquelle Tonfrequenz	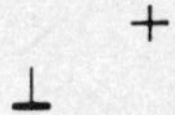	Masse, allgemein
 4)	Wechselstromquelle, Hochfrequenz	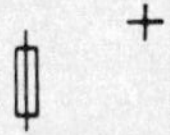	Sicherung, allgemein (Seitenverhältnis 1:3)
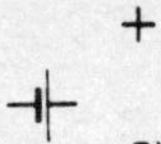 5)	Primärelement: Akkumulator, Batterie (langer Strich: positiver Pol)		Feinsicherung
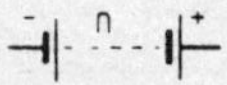	Batterie aus n-Elementen	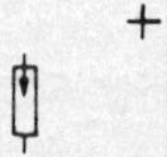	Spannungssicherung, Durchschlagsicherung, Überspannungsableiter
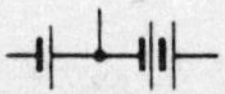	Batterie aus 3 Elementen mit Abgriff	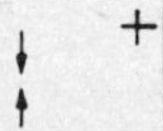	Funkenstrecke

1) 2) 3) 4) Diese Zeichen sind nur in Prinzipschaltbildern üblich, nicht dagegen in Geräteschaltbildern. 5) Die negative Platte kann so dünn wie die positive gezeichnet werden.

Schaltzeichen – Leitungen, Leitungsverbindungen (DIN 40 711, 40 713)

Schalt-zeichen	Bedeutung, Benennung	Schalt-zeichen	Bedeutung, Benennung
+ 	Leitung, allgemein	+ 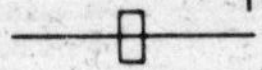	Rechteck-Hohlleitung (Höchstfrequenz)
+ 	Verbindungsstelle allgemein, betriebsmäßig nicht lösbare Verbindung		Rundhohlleitung (Höchstfrequenz)
+ 	lösbare Verbindung, Klemme	+ 	zusammengefaßte Leitungen allgemein, Reihenfolge auf beiden Seiten beliebig
+ 	sich kreuzende, nicht verbundene Leitungen	+ 	wie vor: Reihenfolge auf beiden Seiten gleich
+ 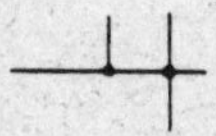	leitende Verbindungen, gelötet oder geschraubt	+ 	zusammengefaßte Leitungen in Eindraht-Darstellung
+ 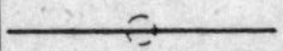	**Geschirmte Leitung** für lang gezeichnete Leitungen, ungeerdet	+ 	**Geschirmte Leitung** für kurz gezeichnete Leitungen, ungeerdet

+ 	wie vor: geerdet, Erdungspunkt beliebig	+ 	wie vor: geerdet, Erdungspunkt beliebig
+ 	verdrillte Leitungen, zweiadrig	+ 	wie vor: Erdungspunkt festgelegt
+ 	koaxiale Leitung	+ 	koaxiale Leitung, geschirmt
+ 	Schutzleitung für Erdung, Nullung, Schutzschaltung		
+ 	Trennstelle	++ 	leicht auftrennbare Verbindung durch Buchsen, Schrauben
+ 	Steckverbinder mit Steckerstift und Steckerbuchse		
	Trennstelle mit Verbindungs- stecker, allgemein		Trennstelle mit Verbindungs- stecker und Meßbuchse
	Trennstelle mit Verbindungs- buchse	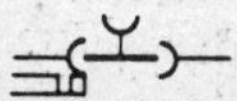	Buchse mit Buchsenkontakt
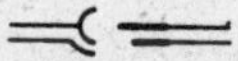	Koaxialbuchse mit Stecker		

Schaltzeichen – Schalter (DIN 40 713)

Schaltzeichen	Bedeutung, Benennung	Schaltzeichen	Bedeutung, Benennung
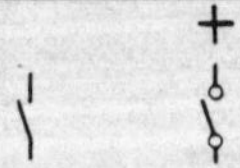	Einschaltglied, Schließer	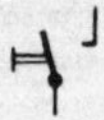	**Stellschalter,** allgemein Kippschalter, Druck/Zug-Schalter. Durch Drücken: Schließer
	Ausschaltglied, Öffner		
	Klinkenhülse		durch Drücken: Öffner
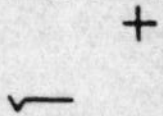	Klinkenfeder		durch Ziehen: Schließer
	Klinke, zweipolig		durch Ziehen: Öffner
	Kreisförmiger Mehrfachschalter		**Tastschalter,** allgemein Kippschalter, Druckschalter Schließer

	Schalter mit HF-Entstörung		Öffner
	Umschaltglied, Wechsler		

Schaltzeichen – Relais (Elektromechanische Antriebe) (DIN 40 713)

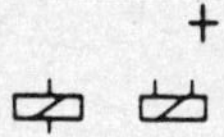	Elektromechanischer Antrieb, eine wirksame Wicklung	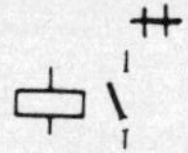	Elektromechanisches Relais
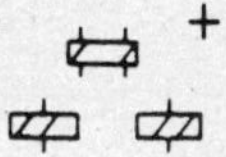	wie vor: zwei gleichsinnig wirkende Wicklungen	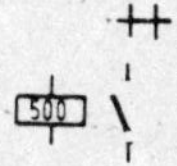	wie vor: mit Angabe des Ohmschen Widerstandes
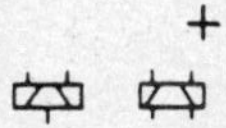	wie vor: zwei gegensinnig wirkende Wicklungen	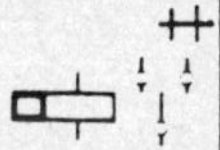	Gepoltes (polarisiertes) Relais, 3 Schaltstellungen, Grundstellung: Mitte
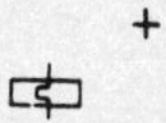	Thermorelais	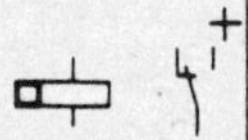	wie vor: 2 Schaltstellungen

Bei dem Schaltzeichen  Seitenverhältnis: Breite : Länge = 1 : 2

Schaltzeichen – Halbleiterbauelemente (DIN 40 700 Bl. 8)

Schaltzeichen, neu	Schaltzeichen, bisher	Bedeutung, Benennung	Bemerkung
+ 		Halbleiterdiode, Gleichrichter, Trockengleichrichter	p/n-Übergang Durchlaß in Pfeilrichtung (p)  (p)p-Seite (n) (n)n-Seite Stromrichtung von + → –
+ 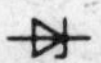		Begrenzer-Diode, Stabilisierungs-Diode, Z-Diode	in Sperr-Richtung begrenzend "Zenerdiode" nicht verwenden!
+ 		Begrenzer-Diodenpaar	Dioden gegeneinander geschaltet
+ 		Kapazitäts-(Variations-)Diode, Varicap Diode als spannungsabhängige Kapazität	Betrieb im Sperrbereich
+ 		Tunnel-Diode	

 +		Backward-Diode Unitunnel-Diode Back-Diode	Tunnel-Diode, bei der in Sperr-Richtung ein kleiner Strom fließt
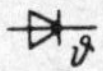 +		Temperaturabhängige Diode	
 +		Varistor	VDR-Widerstand
 +		Thyristor-Diode rückwärts sperrend	reverse blocking
 +		Thyristor-Diode rückwärts leitend	reverse conducting
 +		Zweirichtungs-Thyristor-Diode in beiden Richtungen schaltbar	bidirectional Diac
 +		Photoelektrisches Bauelement, allgemein	gilt, wenn der Typ nicht speziell dargestellt werden soll
 +		Photowiderstand (unabhängig von der Stromrichtung)	 allgemein zur Kennzeichnung von Strahlung

Schaltzeichen – Halbleiterbauelemente (Forts.) (DIN 40 700 Bl. 8)

Schaltzeichen, neu	Schaltzeichen, bisher	Bedeutung, Benennung	Bemerkung
+ 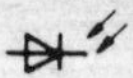		Photodiode	stromrichtungsabhängig, meist in Sperr-Richtung betrieben
+ 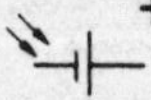		Photoelement	
+ 		Feldplatte, Widerstand abhängig vom Einfluß eines Magnetfeldes	
+ 		Hallgenerator	horizontale Leiter $\hat{=}$ Speisestrom; Hallspannung an vertikalen Anschlüssen; x $\hat{=}$ Richtung der magnetischen Induktion in die Zeichenebene hinein
+ 		pnp-Transistor	Anschluß mit Pfeil = Emitter Pfeil gibt Durchlaßrichtung an schräger Anschluß ohne Pfeil = Kollektor
+ 		npn-Transistor	

 +	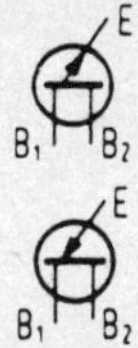	Zweizonentransistor, Unijunction-Transistor, Doppelbasisdiode (oben: n-Typ unten: p-Typ)	
 +		Thyristor-Triode rückwärts sperrend	oben: anodenseitig steuerbar unten: kathodenseitig steuerbar
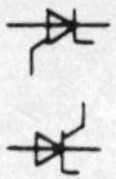 +		Thyristor-Triode rückwärts leitend	oben: anodenseitig steuerbar unten: kathodenseitig steuerbar
 +		Zweirichtungs-Thyristor-Triode	Triac
 +		Phototransistor (pnp-Typ)	

Schaltzeichen – Halbleiterbauelemente (Forts.) (DIN 40 700 Bl. 8)

Schaltzeichen, neu	Schaltzeichen, bisher	Bedeutung, Benennung	Bemerkung
+ 		Sperrschicht-Feldeffekt-Transistor n-Kanal	p/n-Sperrschicht PN-FET G = Gate S = Source D = Drain 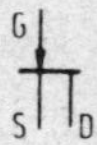
+ 		wie vor: p-Kanal	
+ 		Isolierschicht-Feldeffekt-Transistor Verarmungstyp, selbstleitend p-Kanal	Depletion-type, on-type B = bulk (Masse)
+ 		wie vor: n-Kanal	
+ 		Isolierschicht-Feldeffekt-Transistor Anreicherungstyp, selbstsperrend, p-Kanal	enhancement-type, off-type
+ 		wie vor: n-Kanal	
+ 		Strahlungsdetektor z.B. für γ-Strahlen	

Schaltzeichen	Bedeutung, Benennung	Schaltzeichen	Bedeutung, Benennung
	Diode, Gleichrichter indirekt geheizt Kathode mit Heizfaden verbunden	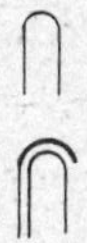	Heizfaden indirekt geheizte Kathode
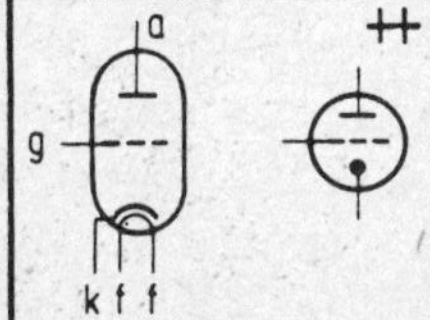	Triode, indirekt geheizt		Kathode allgemein
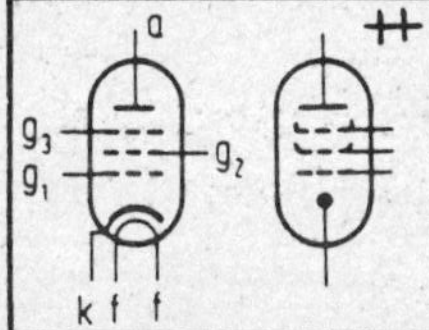	Pentode (links: vereinfachte Darstellung)	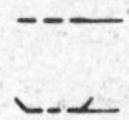	Gitter allgemein, Steuergitter Schirmgitter
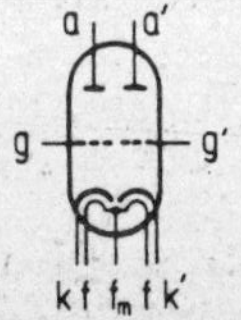	Doppeltriode mit getrennten Kathoden. Systeme gegeneinander abgeschirmt. Heizfäden für Parallel- und Serienschaltung	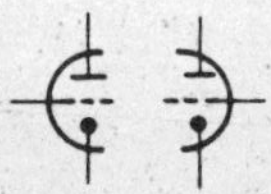	Doppeltriode in aufgelöster Darstellung

Schaltzeichen – Elektronenröhren (DIN 40 700 Bl. 2)

Schaltzeichen	Bedeutung, Benennung	Schaltzeichen	Bedeutung, Benennung
++ 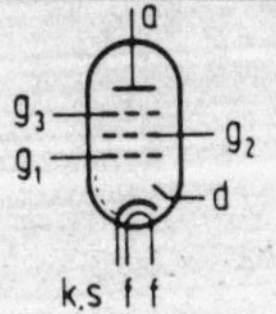	Diode-Pentode (gemeinsame Kathode für beide Systeme)	+  	Anode allgemein statische Schirmung, allgemein
++ 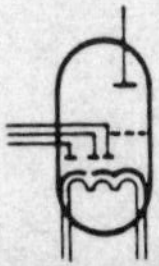	Diode-Doppeldiode-Triode 3 Kathoden, eine Kathode getrennt herausgeführt	+ 	Bremsgitter
+ 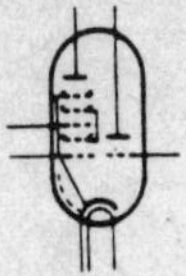	Triode-Heptode (Heptode mit 2 Steuergittern 1 und 3, 2 Schirmgittern 2 und 4, einem Bremsgitter)		
+ 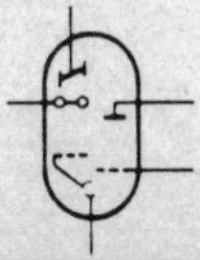	Magisches Auge, Abstimmanzeigeröhre (tuning indicator)	+  	Leuchtanode Steuersteg

Schaltzeichen	Bedeutung, Benennung	Bemerkung
+ 	Spannungs-Stabilisator-Röhre Schalt-, Anzeigediode	(Anzeige durch Neon-Glimmlicht)
++ 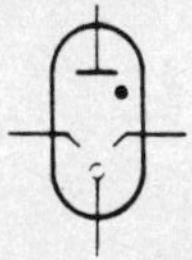	Relaisröhre mit 2 Zündelektroden	Röhre mit Gas-, Edelgas-, Dampf-Füllung Gasentladungsröhre, Ionenröhre
++ 	Relaisröhre mit Zündelektrode und Hilfselektrode zur Vorent-ladung	+  kalte Kathode, ionenbeheizte Kathode
++ 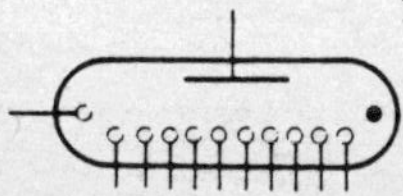	Dekadische Ziffernanzeigeröhre	für Ziffern, Buchstaben, Symbole

Schaltzeichen – Elektronenröhren (DIN 40 700 Bl. 2)

Schaltzeichen	Bedeutung, Benennung	Bemerkung
	Dekadische Ziffernanzeigeröhre	 Zündanode, Zündelektrode
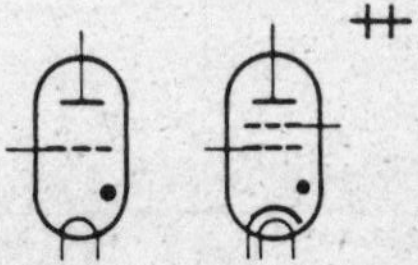	Thyraton links: direkt geheizt rechts: indirekt geheizt	Edelgas oder Quecksilberdampf gefüllt
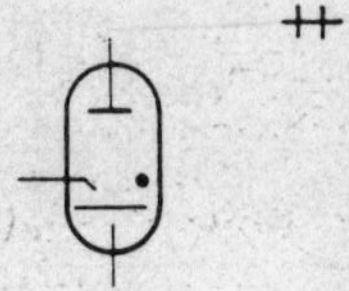	Ignitron	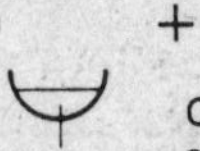 Quecksilberkathode, allgemein  Quecksilberkathode mit Zündstift
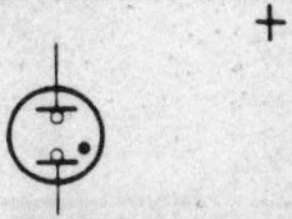	Glimmlampe	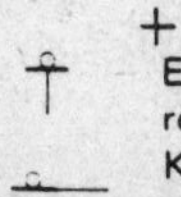 Elektrode in Gasentladungsröhren als Anode oder Kathode wirkend.
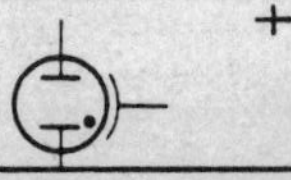	Blitzlichtlampe	

Schaltzeichen	Bedeutung, Benennung	Bemerkung
++ 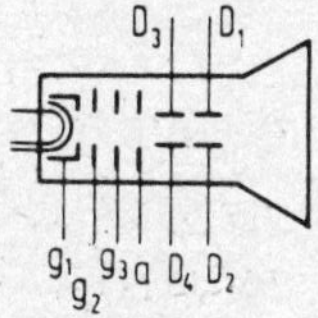	Einstrahl-Oszillographenröhre	+ Elektrode in Elektronenstrahlröhre, allgemein (Elektronenoptische Elektrode)
++ 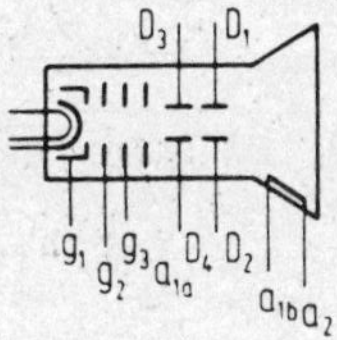	Einstrahl-Oszillographenröhre mit wendelförmigem Nachbeschleunigungswiderstand	+ 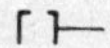 Wehneltzylinder  Plattenpaar für elektrostatische Ablenkung
++ 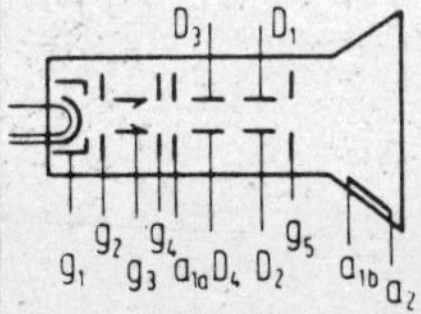	Einstrahl-Oszillographenröhre mit Austastelektrode, wendelförmigem Nachbeschleunigungswiderstand	+ 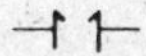 Dunkelsteuerung, Austastelektrode 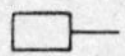 zylindrische Fokussierelektrode

Schaltzeichen – Elektronenröhren (DIN 40 700 Bl. 2)

++ 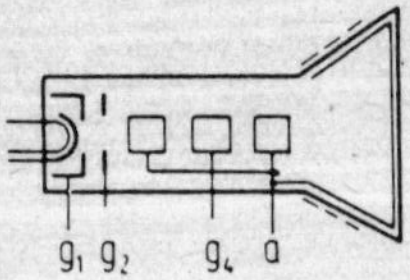	Fernseh-Bildröhre elektrostatische Fokussierung	+ 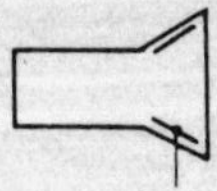	Röhrenkolben mit leitendem Äquipotentialbelag
++ 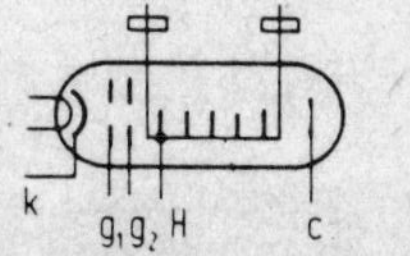	Wanderfeldröhre		
+ 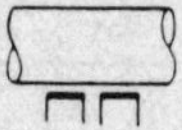	Ablenkspule, allgemein		Ablenkspulen werden unabhängig von der räumlichen Lage dargestellt. Kennzeichnung z.B. durch h horizontal v vertikal

Schaltzeichen – Elektroakustische Geräte (DIN 40 700 Bl. 9 u. 7)

Schaltzeichen	Bedeutung, Benennung	Schalt-zeichen	Bedeutung, Benennung
+ 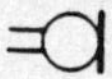	Mikrofon, allgemein	+ 	Kondensatormikrofon
+ 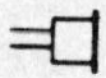	Fernhörer, allgemein	+ 	Zeichen für elektromagnetische Arbeitsweise
+ 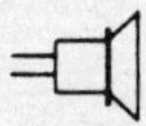	Lautsprecher, allgemein	+ 	Zeichen für elektrodynamische Arbeitsweise
+ 	elektrodynamischer Lautsprecher mit Fremderregung	+ 	Zeichen für elektrodynamische, fremderregte Arbeitsweise
+ 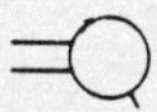	Tonabnehmer, allgemein	+ 	Zeichen für piezoelektrische Arbeitsweise
+ 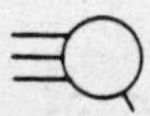	Tonabnehmer für Stereobetrieb	+ 	Kristall-Tonabnehmer, piezoelektrischer Tonabnehmer

Schaltzeichen – Elektroakustische Geräte (DIN 40 700 Bl. 9 u. 7)

 +	elektrodynamischer Tonabnehmer	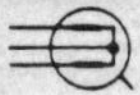 +	elektrodynamischer Tonabnehmer für Stereowiedergabe
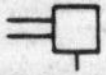 +	Tonschreiber, allgemein, Schneiddose	+	Zeichen für:
		→	Wiedergabe
 +	Magnetköpfe, allgemein	←	Aufnahme
		↔	Wechselbetrieb
 +	Sprechkopf, Aufnahmekopf	 +	Hörkopf, Wiedergabekopf
 +	Löschkopf mit Hochfrequenzlöschung		
 +	Kombinierter Sprech-Hörkopf	 +	Sprech-Hör-Lösch-Kopf
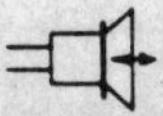 +	Lautsprecher im Wechselsprechbetrieb	+	Zeichen für
			Hochton
			Tiefton

Schaltzeichen – Meßgeräte (DIN 40 716, Bl. 1, 40 708)

Schalt-zeichen	Bedeutung, Benennung	Schalt-zeichen	Bedeutung, Benennung
 +	Messinstrument, allgemein	 +	Anzeige allgemein
 +	Meßinstrument, allgemein mit beidseitigem Ausschlag	 +	Anzeige mit beidseitigem Ausschlag
 +	Meßgerät, allgemein, registrierend		Seitenlängen des Zeichens 1:1
 +	Meßwerk zur Produktbildung	 +	Registrierung schreibend
			Registrierung punktschreibend
 +	Meßwerk zur Quotientenbildung	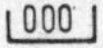 +	Anzeige digital (numerisch)
 +	Strommesser mit Angabe der Einheit A	 +	Spannungsmesser mit Angabe der Einheit mV
	Zählwerk	 +	Grenzwertanzeige: Größtwert, Kleinstwert

Schaltzeichen – Geräte (DIN 40 700 Bl. 10, 40 717)

Schaltzeichen	Bedeutung, Benennung	Schaltzeichen	Bedeutung, Benennung
+ 	Umsetzer, allgemein	++ 	Gleichrichtergerät, Stromversorgungsgerät: Umsetzung von Wechselstrom in Gleichstrom
+ 	Gleichspannungswandler	+ 	Wechselrichter, Zerhacker, Umrichter
+ 	Verstärker, allgemein	+ 	Frequenzumsetzer
+ 	Gegentaktverstärker	+ 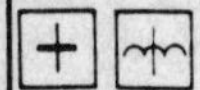	Magnetischer Verstärker, Transduktor, allgemein
++ 	Generator, Meßsender, Oszillator für 15 kHz	+ 	Kippgenerator
+ 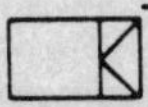	Rundfunkempfangsgerät (für Installationspläne)	+ 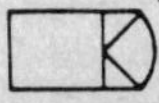	Fernsehempfangsgerät (für Installationspläne)

Schaltzeichen	Bedeutung, Benennung
	DIN 40 712, 40 717
 +	Dauermagnet, allgemein
 +	Dauermagnet, allgemein, wahlweise schwarz: Nordpol
+	Trennlinie zwischen Schaltfeldern
 +	Umrahmungslinie zur Abgrenzung von Schaltfeldern
 +	Abschirmung

Schaltzeichen	Bedeutung, Benennung
	DIN 40 713 Beibl. 2
 +	Leuchtmelder, allgemein
 +	Melder mit selbsttätigem Rückgang, Zeigermelder, Schauzeichen
 +	wie vor, leuchtend
	DIN 40 700 Bl. 4
 +	positiver Rechteckimpuls
 +	negativer Rechteckimpuls
 +	Bildmodulationsspannung für Negativmodulation mit Zeilensynchronimpulsen

Schaltzeichen – Digitaltechnik

Alte Norm	Neue Norm	Erklärung
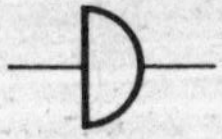		Schaltsymbol für Verknüpfungsglieder
		Negation, Umkehrung des Signals am Ausgang
		Negation, Umkehrung des Signals am Eingang
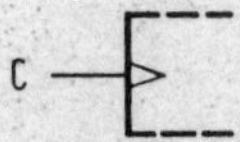		Dynamischer, taktflankengesteuerter Eingang mit Auslösung durch eine "positive" Flanke an C
	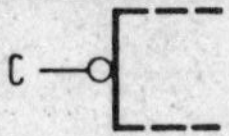	Dynamischer, taktflankengesteuerter Eingang mit Auslösung durch eine "negative" Flanke an C
	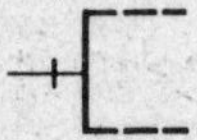	Sperreingang (Inhibit - Schaltung)
	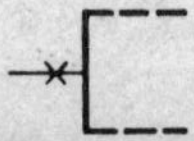	Nicht binäre (digitale) Ein- oder Ausgänge Z.B. Eingangsspannung (analoger Schwellwert) eines Schmitt-Triggers

	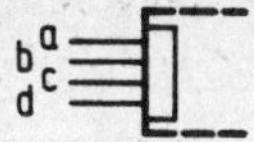	Zusammenfassung mehrerer Eingänge für eine Schaltfunktion (z.B. UND mit 4 Eingängen).
		Ausgänge mit entgegengesetzter Phasenlage der Information Q* zu Q um 180° gedreht. Für Q* oft auch $\bar{Q}$.
	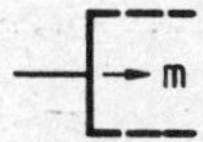	Schiebeeingang, Schieberichtung vorwärts
		Schiebeeingang, Schieberichtung rückwärts
	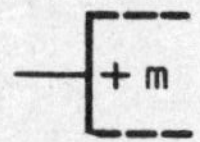	Zähleingang, Zählrichtung vorwärts
	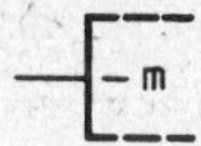	Zähleingang, Zählrichtung rückwärts
	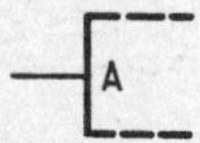	Adresseneingang
		Retardierter Ausgang. Zustandswechsel von Q erfolgt erst, wenn das steuernde Eingangssignal (z.B. c) in seinen Ruhezustand zurückgekehrt ist.

Schaltzeichen – Digitaltechnik

Neue Norm	Alte Norm	Erklärung
		Bezeichnungen (einzeln) für Flipflop-Eingänge
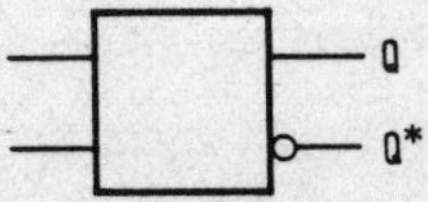	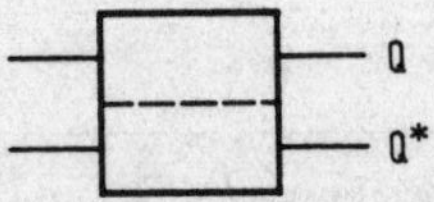	Bistabiles Kippglied
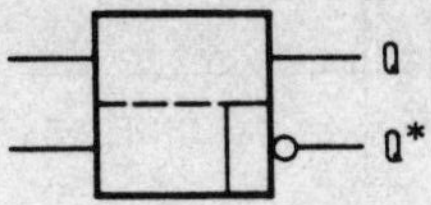	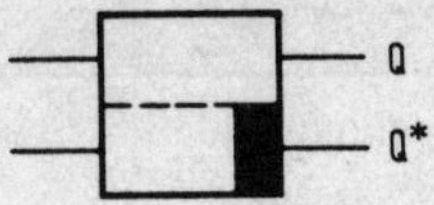	Bistabiles Kippglied mit Grundstellung (hier Q*)
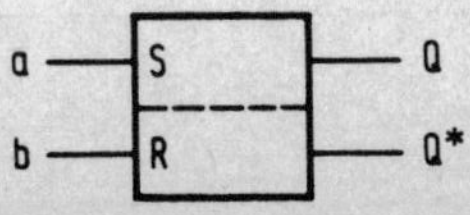		R-S-Kippglied

Neue Norm	Alte Norm	Erklärung
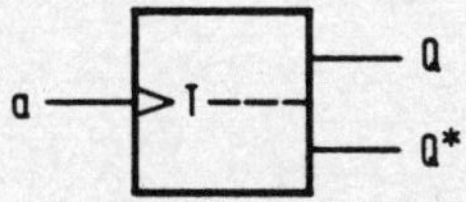		T (toggle) - Kippglied (Binärteiler)
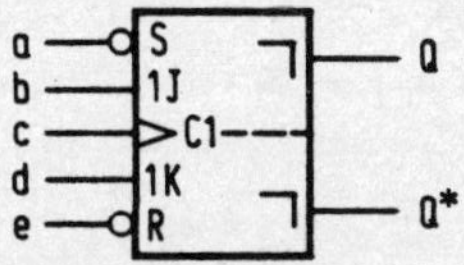	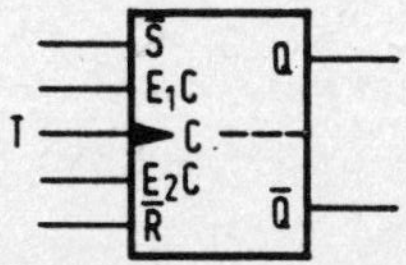	J-K-Kippglied (Master-Slave-Flipflop)
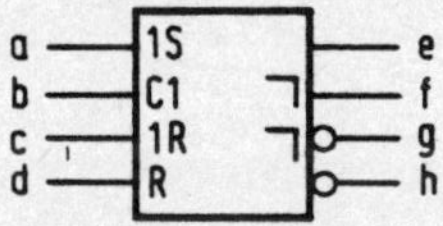		R-S-Kippglied mit Zwei- zustandssteuerung (Master-Slave-Kippglied)
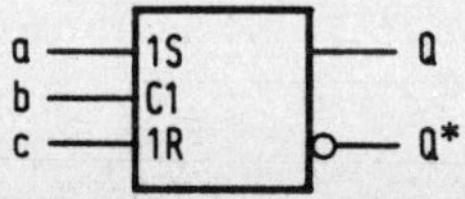		R-S-Kippglied mit Zustandssteuerung

Schaltzeichen – Digitaltechnik

Neue Norm	Alte Norm	USA - Symbol	Erklärung
			Digitale Trennstufe - Buffer - - Leistungsstufe -
		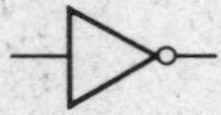	Inverter - Negator - statt : ▷ auch 1
			Inverter - Negation am Eingang - statt : ▷ auch 1
			UND - Verknüpfung - AND -
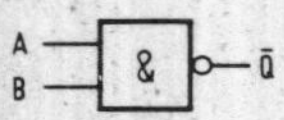	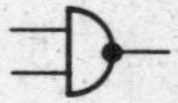		NAND
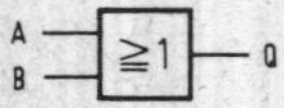			ODER - Verknüpfung - OR -
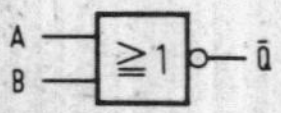			NOR
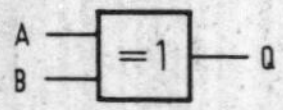			EX - OR (Exklusives ODER)
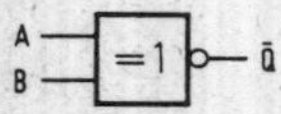			EX - NOR (Exklusiv NOR)

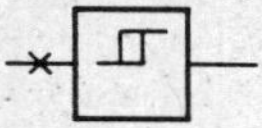		Schmitt - Trigger
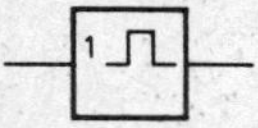	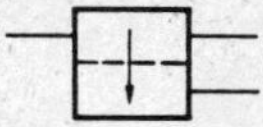	Monoflop
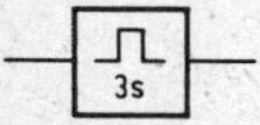	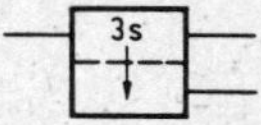	Monoflop (Ausgangssignaldauer 3s) oft auch Zeitangabe "t"
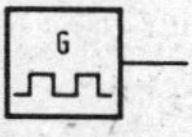	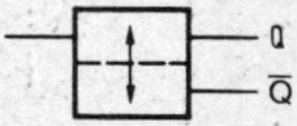	Astabiler Multivibrator
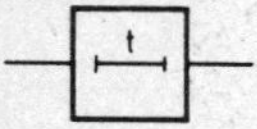		Verzögerungsglied mit der Zeit "t"

2.7 Prüfzeichen

VDE Deutschland

NEMKO Norwegen

SEMKO Schweden

DEMKO Dänemark

0

0

SEV Schweiz

3 Nomogramme

3.1 Nomogramm für die Leitwertaddition

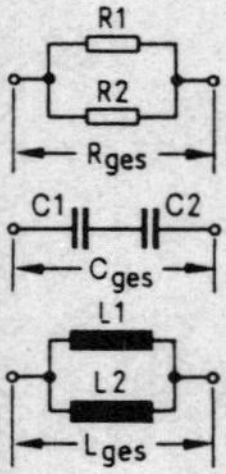

$$\frac{1}{R_{ges}} = \frac{1}{R1} + \frac{1}{R2}$$

$$R_{ges} = \frac{R1 \cdot R2}{R1 + R2}$$

$$\frac{1}{C_{ges}} = \frac{1}{C1} + \frac{1}{C2}$$

$$C_{ges} = \frac{C1 \cdot C2}{C1 + C2}$$

$$\frac{1}{L_{ges}} = \frac{1}{L1} + \frac{1}{L2}$$

$$L_{ges} = \frac{L1 \cdot L2}{L1 + L2}$$

Beispiel:
100 kΩ II 150 kΩ
ergibt 60 kΩ

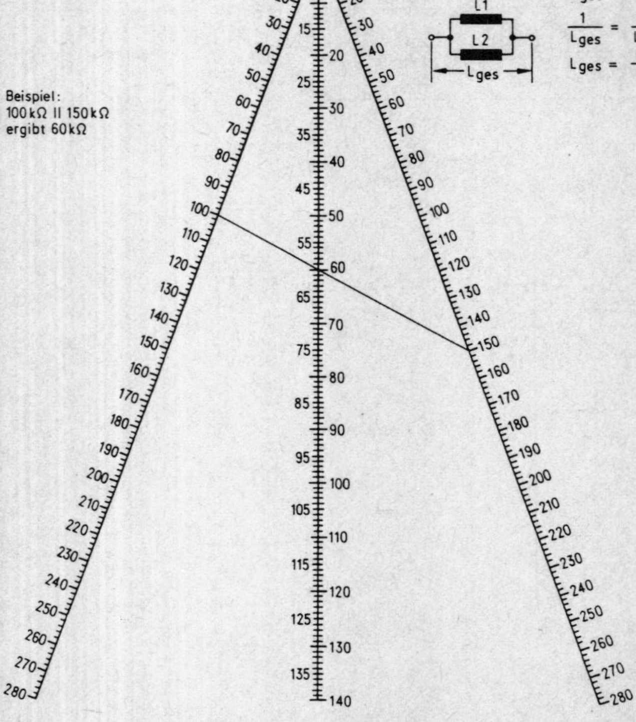

3.2 Leistung aus R und J

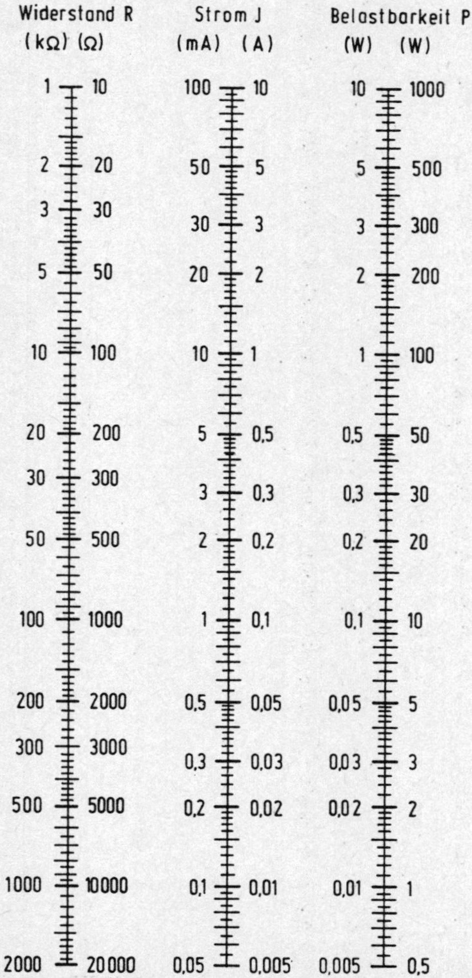

3.3 Leistung aus R und U

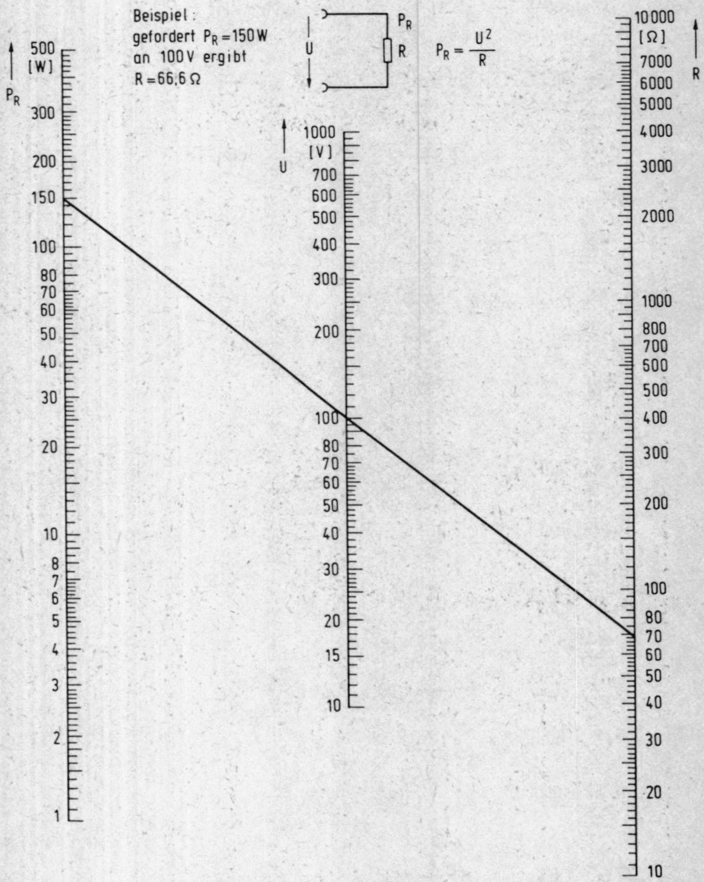

3.4 Ausführliches Nomogramm für die Leistung

Nomogramm für die Beziehungen $U = I \cdot R$; $P = I^2 \cdot R$; $P = U^2/R$ [W] für: [V] [mA]
[µW] für: [mV] [µA]

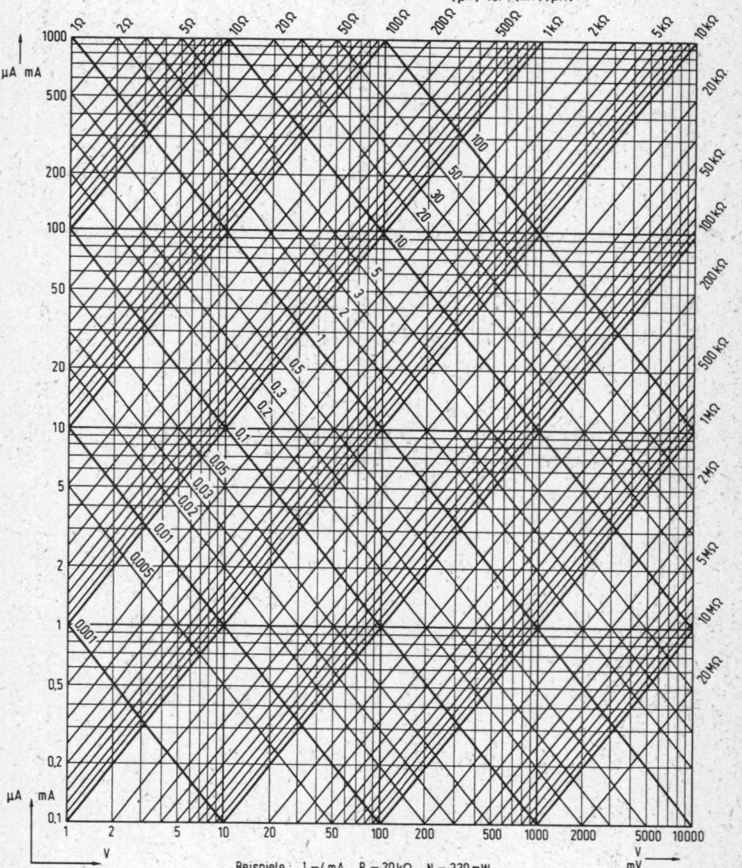

Beispiele: I = 4 mA, R = 20 kΩ, N = 320 mW
U = 100 V, R = 30 kΩ, I = 3,3 mA

3.5 Anpassung und Leistung

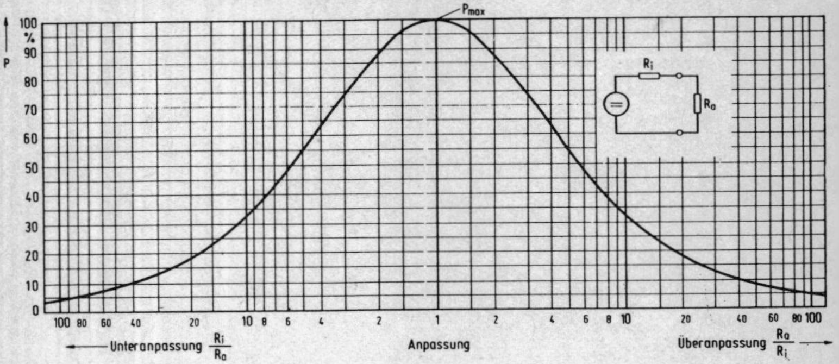

3.6 Ermittlung der Ausgangsleistung bei unterschiedlichen Anpassungen

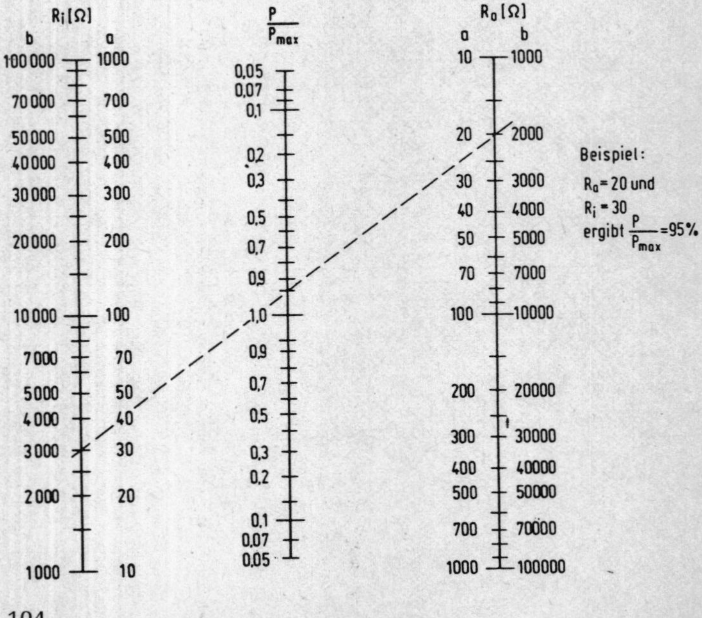

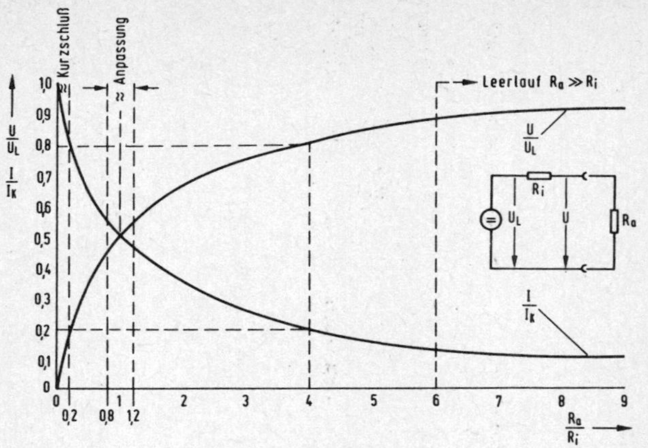

3.7 Übertrager-Anpassung

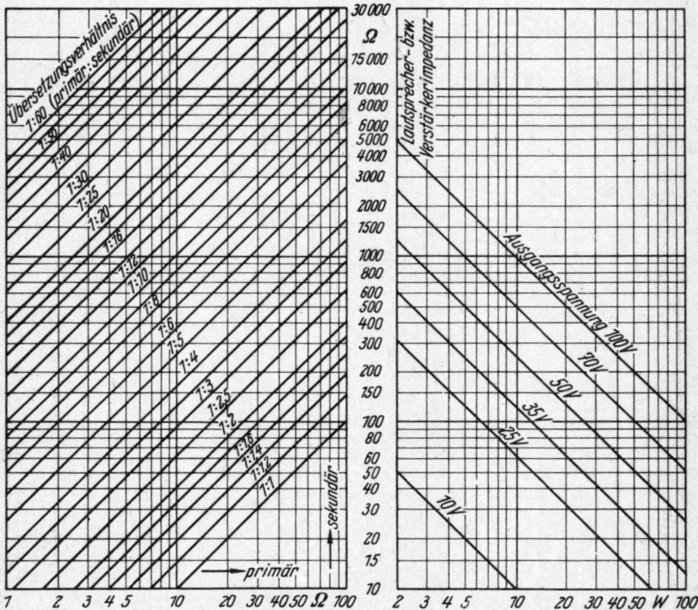

3.8 Lade- und Entladeklurve von RC- und RL-Gliedern

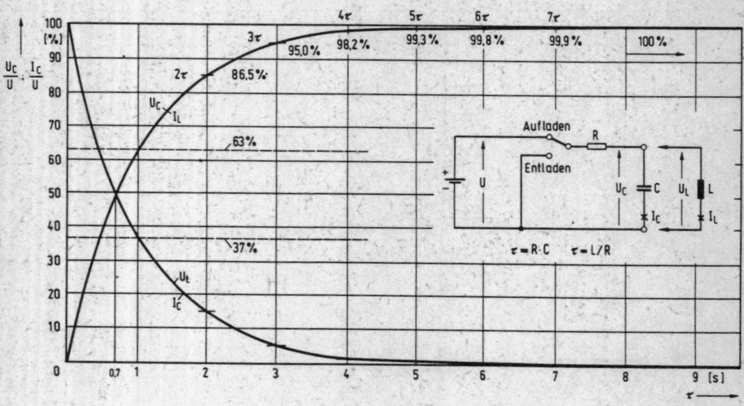

3.9 Lade- und Entladekurve für τ < 3

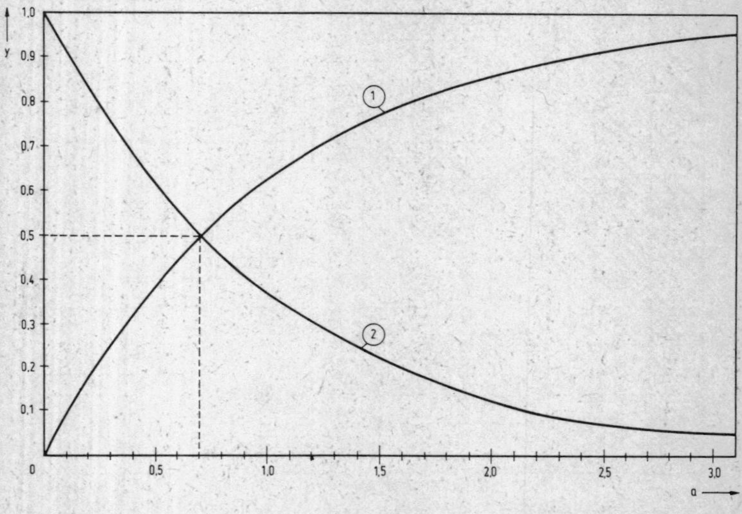

Wichtige Zahlenwerte sind:

Kurve 1 $y = 1 - e^{-a}$

y	0	0,1	0,18	0,26	0,33	0,4	0,45	0,5	0,55	0,6	0,63	0,7	0,75	0,8	0,84	0,87	0,92	0,95
a	0	0,1	0,2	0,3	0,4	0,5	0,6	0,7	0,8	0,9	1	1,2	1,4	1,6	1,8	2	2,5	3

Kurve 2 $y=e^{-a}$

y	1	0,9	0,82	0,74	0,67	0,6	0,55	0,5	0,45	0,4	0,37	0,3	0,25	0,2	0,16	0,14	0,082	0,05
a	0	0,1	0,2	0,3	0,4	0,5	0,6	0,7	0,8	0,9	1	1,2	1,4	1,6	1,8	2	2,5	3

4 Daten und Abmessungen von elektrischen Bauelementen und aus der Mechanik

4.1 Zeichnungsformate

Zeichnungsformate (nach DIN 823)			Papierformate (nach DIN 476)		
Reihe A	Zeichenblatt unbeschnitten	Zeichenblatt beschnitten	z.B. Hefte, Blöcke, Bücher, Mappen – Index	Zusatzreihen B	Zusatzreihen C
4 A 0	1720 x 2420	1682 x 2378	0	1000 x 1414	971 x 1297
2 A 0	1230 x 1720	1189 x 1682	1	707 x 1000	648 x 917
A 0	880 x 1230	841 x 1189	2	500 x 707	458 x 648
A 1	625 x 880	594 x 841	3	353 x 500	324 x 458
A 2	450 x 625	420 x 594	4	250 x 353	229 x 324
A 3	330 x 450	297 x 420	5	176 x 250	162 x 229
A 4	240 x 330	210 x 297	6	125 x 176	114 x 162
A 5	165 x 240	148 x 210			
A 6	120 x 165	105 x 148			

4.2 Maßstab der Zeichnungen

Für Zeichnungen sollten folgende Maßstäbe gewählt werden: (DIN 823)

Natürliche Größe	Verkleinerung	Vergrößerung
M 1:1	M 1:2,5 (= 4:10); 1:5 (= 2:10); 1: 10; 1:20; 1:50; 1:100; 1:200; 1:500; 1:1000	M 2:1 5:1 10:1

4.3 Schraubendaten

Gewinde -d- Nenndurchmesser	Steigung	Norm-Gewinde	Feingewinde	Durchgangsloch Gewindebohrer	Durchgangsloch Schrauben	Mutternhöhe ≈ 0,8 · d	Schlüsselweite S	Innensechskant [mm] A	B	C	Kreuzschlitz E	Kopfdurchmesser D	Kopfhöhe t	Kopfdurchmesser F	Kopfhöhe G
1	0,25	x		0,75	1,1	0,8						1,9	0,6		
1,2	0,25	x		0,95	1,3	1,0						2,3	0,72		
1,6	0,35	x		1,3	1,7	1,3						3,0	0,96		
2	0,25		x	1,75	2,1							3,8	1,2		1,3
2	0,4	x		1,6	2,2	1,6	4					3,8	1,2		1,3
2,2	0,25		x	2,0	2,3		4,5								
2,5	0,35		x	2,2	2,6		5				2,7	4,7	1,5	4,5	1,6
2,5	0,45	x		2,1	2,7	2	5					4,7	1,5	4,5	1,6
2,6	0,35		x	2,2	2,7										
3	0,35		x	2,6	3,1							5,6	1,65	5,5	2,0
3	0,5	x		2,5	3,2	2,4	5,5	3	5,5	2,5	2,9	5,6	1,65	5,5	2,0
3,5	0,6	x		2,9	3,7	2,8	6,0								
4	0,5		x	3,5	4,1							7,5	2,2		
4	0,7	x		3,3	4,3	3,2	7	4	7,0	3,0	4,4	7,5	2,2	7	2,6
4,5	0,5		x	4,0	4,7										
5	0,5		x	4,5	5,2							9,2	2,5		
5	0,8	x		4,2	5,3	4	8	5	8,5	4,0	4,6	9,2	2,5	8,5	3,3
5,5	0,5		x	5,0	5,7										
6	0,75		x	5,2	6,2							11	3		
6	1,0	x		5,0	6,4	5	10	6	10	5,0	6,6	11	3	10	3,9
7	0,75	⊗	x	6,2	7,2										
8	0,75	⊗	x	7,2	8,3							14,5	4		
8	1		x	7,0	8,3			8	13	6,0		14,5	4		
8	1,25	x		6,8	8,4	6,5	13	8	13	6,0	8,7	14,5	4	13	5
9	0,75		x	8,2	9,3										
9	1		x	8,0	9,3										
10	0,75	⊗	x	9,2	10,4										
10	1		x	9,0	10,4										
10	1,25		x	8,75	10,4			10	16	8,0					
10	1,5	x		8,5	10,5	8	17	10	16	8,0	9,6	18	5	16	6
12	1		x	13,0	12,5										
12	1,25		x	10,75	12,5										
12	1,5		x	10,5	12,5			12	18	10					
12	1,75	x		10,2	13	9,5	19	12	18	10		22	6		

⊗ Gewinde für Potentiometer und Schalter

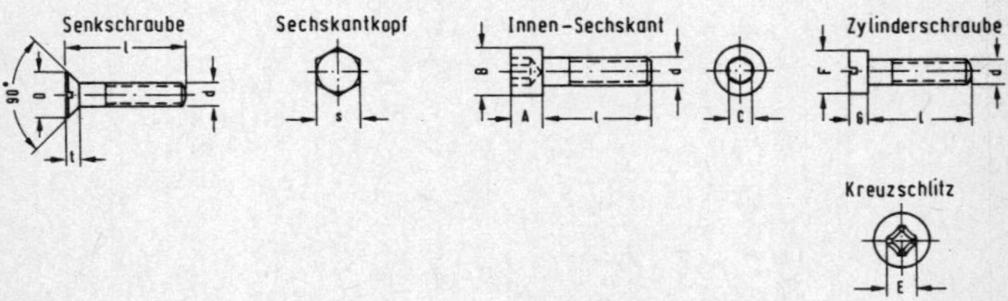

4.4 Bohrerdurchmesser und andere Maße für Metrische Gewinde (alle Maße in [mm])

Nennmaß	Innendurchmesser der Mutter, Kerndurchmesser	Schlüsselweite		Bohrerdurchmesser für				
		Kopf bzw. Mutter	Schlüssel [5]	Gewindebohrer (Kernlochdurchm.)		Schneid-schrauben DIN 7513	Durchgangslöcher (Federringe usw.)	
				[1]	[2]		[3]	[4]
M 2	1,480	4	4,05	1,55	1,60	–	2,2	2,4
M 2,6	2,016	5	5,05	2,10	2,15	2,3	2,8	3,1
M 3	2,350	5,5	5,55	2,45	2,50	2,7	3,2	3,6
M 3,5	2,720	6	6,05	2,80	2,90	–	3,7	4,2
M 4	3,090	7	7,05	3,2	3,3	3,6	4,3	4,8
M 5	3,960	9	9,1	4,1	4,2	4,5	5,3	5,8
M 6	4,700	10	10,1	4,9	5,0	5,5	6,4	7,0
M 8	6,376	14	14,1	6,6	6,7	7,4	8,4	9,5
M 10	8,052	17	17,1	8,2	8,4	–	10,5	11,5
M 12	9,726	19	19,2	9,9	10,0	–	13	14

[1] in Gußeisen, Bronze, Messing, Kupfer, Magnesium
[2] in Stahl, Gußstahl, Temperguß, Zink
[3] für Feinmechanik
[4] für Maschinenbau
[5] Kleinstmaß nach DIN 658/659

4.5 Bohrlochdurchmessr für Blechschrauben

Alle Maße in [mm]. Die Werte gelten für Stahlblech. Bei weicheren Werkstoffen und Blechdicken unter 1 mm können die Bohrerdurchmesser entsprechend kleiner (meist um 0,1 mm) gewählt werden.

Schrauben-Nenndurchmesser	Bohrerdurchmesser für Blechdicken von		
	0,63...1,6	1,6...2,5	2,5...4,0 mm
2,9	2,4	2,5	–
3,5	2,8	2,9	3,0
3,9	3,1	3,2	3,3
4,2	3,3	3,4	3,5
4,8	3,8	3,9	4,0
5,5	4,4	4,5	4,6
6,3 (1/4″)	5,1	5,2	5,3

4.6 Günstigste Spitzenwinkel von Spiralbohrern (nach Angaben von Günther & Co., Frankfurt/M. bzw. [*] Röhm & Haas, Darmstadt)

Spitzen-Winkel °	Spiral-Winkel °	für Werkstoffe:
80	12	harte Kunststoffe, Hartgummi, Glimmer, Marmor, Schiefer, Eternit
80	20...30	Graphit
*) 60...90		Plexiglas (angespitzte Bohrerseele, hohe Drehzahl; bis 4 mm Dicke trocken)
100	30...40	Zelluloid
90...118	18...25	Grauguß, Temper-, Stahlguß
118	12	Hartpapier, -gewebe (kurze Bohrungen), Elektron, Magnesium, -druckguß, kurzspanende Leichtmetalle, sprödes Messing
118	20...30	Bronze, Elektrolytkupfer, zähes Messing, Neusilber, Silumin > 12 % Si, Stahl bis 90 kp/mm², Sintereisen, Zink
118	30...40	Aluminium-Druckguß
130	20...30	Stahl > 90 kp/mm², nichtrostende Stähle
140	12	Plexiglas
140	30...40	Aluminium, Silumin < 12 % Si, langspanige Leichtmetalle, Hüttenkupfer, weiche Kunststoffe, PVC, Hartpapier, -gewebe (tiefe Bohrungen)

4.7 Daten von Bohrgeschwindigkeit und Spitzenwinkel für verschiedene Werkstoffe

Material	Spitzenwinkel a	Schnittgeschwindigkeit V Meter pro Minute	Umdrehungen bei Bohrerdurchmesser in [mm]			
			1	2	5	8
Thermoplast	≈ 60 ... 90°	30 ... 80				
Duroplast	≈ 70 ... 100°	20 ... 40				
Formpreßstoff	≈ 45 ... 60°	30 ... 50				
Hartpapier	≈ 100 ... 110°	40 ... 60	5000	3000	1500	1000
Hartholz	≈ 116°	30 ... 40				
Stahl	≈ 115°	20 ... 40	6000	3000	1500	1250
Gußeisen	≈ 115°	25 ... 35	5000	3000	1500	1000
Messing	≈ 120°	60 ... 100	8000	6000	3000	2000
Kupfer	≈ 120°	40 ... 70	7000	5500	2500	2000
Aluminium	≈ 140°	110 ... 200	10000	8000	6000	5000
Plexiglas	≈ 75°	25 ... 35				
Bronze	≈ 120°	50 ... 85				
Polyvinylchlorid	≈ 85°	40 ... 50				

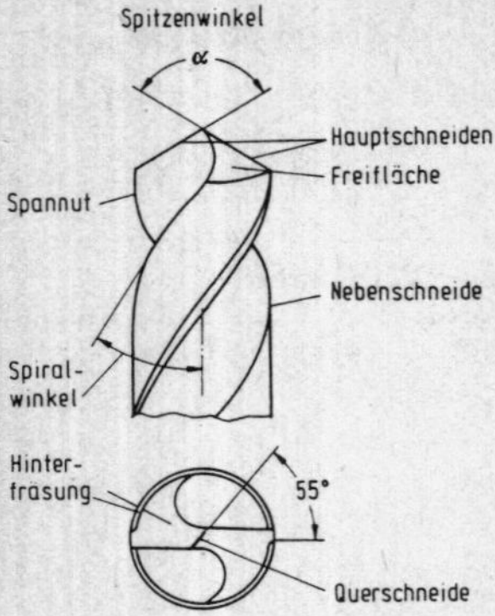

4.8 Feingewinde für Potentiometer und Schalter

Wellendurchmesser	4	5	6	8
Gewinde	M 7 x 0,75	M 8 x 0,75	M 10 x 0,75	M 12 x 0,75

4.9 Lote

Kurzzeichen	Zusammensetzung				Schmelzbereich	
	Zinn %	Blei %	Antimon %	Sonstiges %	Schmelzpkt. °C	flüssig °C
L-Sn50Pb	50	50	–	–	183°	215°
L-Sn60Pb	60	40	–	–	183°	190°
L-SnSb5	95	--	5	–	230°	240°
L-SnAg5	95	–	–	5 Silber	220°	240°
L-PbAg3	1	96	–	3 Silber	304°	305°
L-SnPbCd18	50	32	–	18 Kadm.	145°	145°

4.10 Widerstandstabelle verschiedener Leitmaterialien

Widerstand in Ω/m von Drähten aus:

Durchmesser (mm)	Kanthal	Cekas Megapyr	Nirestit	Chromnickel 20/80	Chromel	Neusilber	Eisen	Resistin Isabellin Konstantan	Manganin	Nickelin	Tantal	Nickel	Molybdän	Wolfram
0,03	2051	1981	1669	1556	1415	778,1	141,5	707,4	608,3	563,2	183,9	99,03	79,22	77,81
0,04	1154	1114	939	875,4	795,8	437,7	79,58	379,9	342,2	317,5	103,5	55,7	44,56	43,77
0,05	738,5	713	601	560,2	509,3	280,1	50,93	254,6	219,0	204,1	66,21	35,65	28,52	28,01
0,06	512,8	495,1	417,3	389,0	353,7	194,5	35,37	176,8	152,1	141,4	45,98	24,76	19,81	19,45
0,07	376,8	363,8	306,6	285,8	259,8	142,9	25,98	129,9	111,7	103,9	33,78	18,19	14,55	14,29
0,08	288,5	278,5	234,8	218,8	198,9	109,4	19,89	99,47	85,55	79,52	25,86	13,93	11,14	10,94
0,09	227,9	220,1	185,5	172,9	157,2	86,45	15,72	78,59	67,59	62,88	20,43	11,00	8,80	8,65
0,10	184,6	178,3	150,2	140,1	127,3	70,03	12,73	63,66	54,75	50,96	16,56	8,913	7,13	7,003
0,11	152,7	147,4	124,3	115,8	105,3	57,92	10,53	52,65	45,28	42,12	13,69	7,371	5,897	5,792
0,12	128,2	123,8	104,3	97,26	88,4	48,63	8,84	44,21	38,02	35,37	11,49	6,189	4,952	4,863
0,13	109,3	105,5	88,92	82,90	75,36	41,45	7,536	37,68	32,40	30,14	9,797	5,275	4,220	4,145
0,14	94,22	90,97	76,68	71,48	64,98	35,74	6,498	32,49	27,94	25,99	8,447	4,549	3,639	3,574
0,15	82,07	79,24	66,79	62,26	56,60	31,13	5,660	28,30	24,34	22,64	7,358	3,962	3,169	3,113
0,16	71,89	69,61	58,67	54,69	49,72	27,35	4,972	24,86	21,38	19,89	6,464	3,480	2,784	2,735
0,17	63,87	61,67	51,98	48,46	44,05	24,23	4,405	22,03	18,94	17,62	6,227	3,083	2,467	2,423
0,18	56,98	55,02	46,37	43,23	39,30	21,62	3,930	19,65	16,90	15,70	5,109	2,751	2,201	2,162
0,19	51,16	49,39	41,63	38,81	35,28	19,40	3,528	17,64	15,17	14,11	4,586	2,769	1,976	1,940
0,20	46,15	44,56	37,56	35,01	31,83	17,51	3,183	15,92	13,69	12,73	4,138	2,282	1,783	1,751
0,22	38,15	36,83	31,05	28,94	26,31	14,47	2,631	13,15	11,31	10,52	3,420	1,842	1,473	1,447
0,25	29,54	28,52	24,04	22,41	20,37	11,20	2,037	10,18	8,759	8,148	2,648	1,426	1,141	1,120
0,28	23,55	22,74	19,16	17,86	16,24	8,932	1,624	8,120	6,983	6,496	2,111	1,137	0,9094	0,8932
0,30	20,51	19,81	16,69	15,56	14,15	7,781	1,415	7,074	6,083	5,656	1,839	0,9903	0,7922	0,7781
0,35	15,08	14,56	12,27	11,44	10,40	5,720	1,040	5,200	4,472	4,160	1,352	0,728	0,5824	0,5720
0,40	11,54	11,14	9,39	8,754	7,958	4,377	0,7958	3,979	3,422	3,178	1,035	0,557	0,4456	0,4377
0,45	9,119	8,805	7,42	6,918	6,289	3,459	0,6289	3,145	2,704	2,516	0,8176	0,4402	0,3522	0,3459
0,50	7,385	7,130	6,01	5,602	5,093	2,801	0,5093	2,546	2,190	2,038	0,6621	0,3565	0,2852	0,2801
0,55	6,103	5,893	4,966	4,630	4,209	2,315	0,4209	2,105	1,810	1,684	0,5472	0,2946	0,2357	0,2315
0,60	5,128	4,951	4,173	3,890	3,537	1,945	0,3537	1,768	1,521	1,415	0,4598	0,2476	0,1981	0,1945
0,65	4,370	4,219	3,557	3,315	3,014	1,658	0,3014	1,507	1,296	1,206	0,3918	0,2110	0,1688	0,1658
0,70	3,768	3,638	3,066	2,858	2,598	1,429	0,2598	1,299	1,117	1,039	0,3378	0,1819	0,1455	0,1429
0.75	3,281	3,168	2,670	2,489	2,263	1,245	0,2263	1,132	0,9731	0,905	0,2942	0,1584	0,1267	0,1245
0,80	2,885	2,785	2,348	2,188	1,989	1,094	0,1989	0,9947	0,8555	0,7956	0,2586	0,1393	0,1114	0,1094
0,85	2,556	2,468	2,080	1,939	1,763	0,9696	0,1763	0,8815	0,7581	0,7052	0,2292	0,1234	0,0987	0,0969
0,90	2,279	2,201	1,855	1,729	1,572	0,8645	0,1572	0,7859	0,6759	0,6288	0,2043	0,1100	0,0880	0,0865
0,95	2,044	1,974	1,664	1,551	1,410	0,7755	0,1410	0,7050	0,6063	0,5640	0,1833	0,0987	0,0789	0,0775
1,00	1,846	1,783	1,502	1,401	1,273	0,7003	0,1273	0,6366	0,5475	0,5092	0,1656	0,0891	0,0713	0,0700
1,20	1,282	1,238	1,043	0,9726	0,884	0,4863	0,0884	0,4421	0,3802	0,3537	0,1149	0,0619	0,0495	0,0486
1,50	0,8207	0,7924	0,6679	0,6226	0,5660	0,3113	0,0566	0,2830	0,2434	0,2264	0,0736	0,0396	0,0317	0,0311
1,80	0,5698	0,5502	0,4637	0,4323	0,3930	0,2162	0,0393	0,1965	0,1690	0,1570	0,0511	0,0275	0,0220	0,0216
2,00	0,4615	0,4456	0,3756	0,3501	0,3183	0,1751	0,0918	0,1592	0,1369	0,1273	0,0414	0,0228	0,0178	0,0175

Der Tabelle liegen folgende Werte für den spezifischen Widerstand ($\Omega \cdot mm^2 \cdot m^{-1}$) zugrunde:

Kanthal	1,45	Chromnickel	1,10	Wolfram	0,055	Resistin	0,50	Manganin	0,43
Cekas, Megapyr	1,40	Chromel	1,00	Neusilber	0,55	Isabellin	0,50	Tantal	0,13
Nirestit	1,18	Nickelin	0,40	Eisen	0,10	Konstantan	0,50	Molybdän	0,056
		Nickel	0,07						

4.11 Widerstandstabelle für Kupferdrähte

Draht-durchmesser (blank) mm	Widerstand in Ω/m			
	bei 20° C			bei 90° C
	Kleinstwert	Größtwert	Rechnungswert	Rechnungswert
0,03	21,59	28,05	24,82	31,77
0,04	12,14	15,78	13,96	17,85
0,05	8,04	9,83	8,94	11,45
0,06	5,83	6,58	6,21	7,95
0,07	4,29	4,83	4,56	5,84
0,08	3,28	3,70	3,49	4,47
0,09	2,59	2,92	2,76	3,54
0,10	2,10	2,37	2,23	2,86
0,11	1,735	1,957	1,846	2,35
0,12	1,458	1,644	1,551	1,985
0,13	1,243	1,401	1,322	1,692
0,14	1,071	1,208	1,140	1,459
0,15	0,933	1,052	0,993	1,270
0,16	0,820	0,925	0,873	1,117
0,17	0,727	0,819	0,773	0,989
0,18	0,648	0,731	0,689	0,883
0,19	0,582	0,656	0,619	0,792
0,20	0,525	0,592	0,558	0,715
0,21	0,481	0,532	0,507	0,649
0,22	0,438	0,485	0,462	0,591
0,23	0,401	0,443	0,422	0,540
0,24	0,368	0,407	0,388	0,497
0,25	0,340	0,375	0,357	0,457
0,26	0,314	0,347	0,330	0,422
0,27	0,291	0,322	0,306	0,392
0,28	0,271	0,299	0,285	0,365
0,29	0,252	0,279	0,266	0,340
0,30	0,236	0,261	0,248	0,318
0,31	0,221	0,244	0,232	0,297
0,32	0,207	0,229	0,218	0,279
0,33	0,1948	0,2154	0,2051	0,263
0,34	0,1835	0,2029	0,1932	0,247
0,35	0,1732	0,1915	0,1824	0,234
0,36	0,1637	0,1810	0,1724	0,2206
0,37	0,1550	0,1713	0,1632	0,2089
0,38	0,1470	0,1624	0,1547	0,1980
0,39	0,1395	0,1542	0,1469	0,1880
0,40	0,1326	0,1466	0,1396	0,1787
0,42	0,1216	0,1317	0,1266	0,1620
0,45	0,1059	0,1147	0,1103	0,1412
0,48	0,0931	0,1008	0,0970	0,1242
0,50	0,0858	0,0929	0,0894	0,1145
0,55	0,0709	0,0768	0,0738	0,0945
0,60	0,0596	0,0645	0,0621	0,0795
0,65	0,0508	0,0550	0,0529	0,0678
0,70	0,0438	0,0474	0,0456	0,0584
0,75	0,0381	0,0413	0,0397	0,0509
0,80	0,0335	0,0363	0,0349	0,0447
0,85	0,0297	0,0322	0,0309	0,0396
0,90	0,0265	0,0287	0,0276	0,0354
0,95	0,0238	0,0257	0,0248	0,0318
1,00	0,0215	0,0232	0,0223	0,0286
1,10			0,01846	0,0236
1,20			0,01551	0,0199
1,30			0,01322	0,01693
1,40			0,01140	0,01460
1,50			0,00993	0,01271
1,60			0,00873	0,01117
1,70			0,00773	0,00990
1,80			0,00689	0,00882
1.90			0,00619	0,00793
2,00			0,00558	0,00715
2,20			0,00462	0,00592
2,50			0,00357	0,00457
3,00			0,002482	0,003180

4.12 Kerndurchmesser – Außendurchmesser

Durchmesser des blanken Drahtes (mm)	Außendurchmesser Größtwerte						
	Lack		Lack + Seide	1× Seide	2× Seide	1× Baumwolle	2× Baumwolle
	Kleinster Wert	Größter Wert					
0,03	0,037	0,047	0,082	0,067	0,102		
0,04	0,046	0,058	0,093	0,078	0,113		
0,05	0,056	0,068	0,103	0,088	0,123		
0,06	0,068	0,082	0,117	0,097	0,132		
0,07	0,078	0,092	0,127	0,107	0,142		
0,08	0,088	0,102	0,137	0,117	0,152		
0,09	0,097	0,113	0,148	0,128	0,163		
0,10	0,107	0,123	0,158	0,138	0,173	0,203	0,263
0,11	0,122	0,138	0,173	0,148	0,183	0,213	0,273
0,12	0,131	0,149	0,184	0,159	0,194	0,224	0,284
0,13	0,141	0,159	0,194	0,169	0,204	0,234	0,294
0,14	0,151	0,169	0,204	0,179	0,214	0,244	0,304
0,15	0,160	0,180	0,215	0,190	0,225	0,255	0,315
0,16	0,170	0,190	0,225	0,200	0,235	0,265	0,325
0,17	0,180	0,200	0,235	0,210	0,245	0,275	0,335
0,18	0,190	0,210	0,245	0,220	0,255	0,285	0,345
0,19	0,199	0,221	0,256	0,231	0,266	0,296	0,356
0,20	0,209	0,231	0,266	0,241	0,276	0,306	0,366
0,21	0,225	0,245	0,285	0,255	0,285	0,315	0,375
0,22	0,235	0,255	0,295	0,265	0,295	0,325	0,385
0,23	0,245	0,265	0,305	0,275	0,305	0,335	0,395
0,24	0,255	0,275	0,315	0,285	0,315	0,345	0,405
0,25	0,265	0,285	0,325	0,295	0,325	0,355	0,415
0,26	0,273	0,297	0,337	0,307	0,337	0,367	0,427
0,27	0,283	0,307	0,347	0,317	0,347	0,377	0,437
0,28	0,293	0,317	0,357	0,327	0,357	0,387	0,447
0,29	0,303	0,327	0,367	0,337	0,367	0,397	0,457
0,30	0,313	0,337	0,377	0,347	0,377	0,407	0,467
0,31	0,326	0,354	0,394	0,357	0,387	0,437	0,517
0,32	0,336	0,364	0,404	0,367	0,397	0,447	0,527
0,33	0,346	0,374	0,414	0,377	0,407	0,457	0,537
0,34	0,356	0,384	0,424	0,387	0,417	0,467	0,547
0,35	0,366	0,394	0,434	0,397	0,427	0,477	0,557
0,36	0,376	0,404	0,444	0,407	0,437	0,487	0,567
0,37	0,386	0,414	0,454	0,417	0,447	0,497	0,577
0,38	0,396	0,424	0,464	0,427	0,457	0,507	0,587
0,39	0,406	0,434	0,474	0,437	0,467	0,517	0,597
0,40	0,416	0,444	0,484	0,447	0,477	0,527	0,607
0,42	0,439	0,471	0,511	0,469	0,499	0,549	0,629
0,45	0,469	0,501	0,541	0,499	0,529	0,579	0,659
0,48	0,499	0,531	0,571	0,529	0,559	0,609	0,689
0,50	0,519	0,551	0,591	0,549	0,579	0,629	0,709
0,55	0,571	0,609	0,649	0,599	0,639	0,679	0,779
0,60	0,621	0,659	0,699	0,649	0,689	0,729	0,829
0,65	0,671	0,709	0,749	0,699	0,739	0,779	0,879
0,70	0,721	0,759	0,799	0,749	0,789	0,829	0,929
0,75	0,778	0,822	0,862	0,802	0,842	0,882	0,982
0,80	0,828	0,872	0,912	0,852	0,892	0,932	1,032
0,85	0,878	0,922	0,962	0,902	0,942	0,982	1,082
0,90	0,928	0,972	1,012	0,952	0,992	1,032	1,132
0,95	0,978	1,022	1,062	1,002	1,042	1,082	1,182
1,00	1,028	1,072	1,112	1,052	1,092	1,132	1,232

4.13 Kerndurchmesser – Außendurchmesser für Lackdrähte über 1 mm

Kerndurchmesser	1,1	1,2	1,3	1,4	1,5	1,6	1,7	1,8	1,9	2,0
Außendurchmesser	1,2	1,29	1,39	1,49	1,60	1,70	1,80	1,90	2,0	2,1
Kerndurchmesser	2,1	2,2	2,3	2,4	2,5	2,6	2,7	2,8	2,9	3,0
Außendurchmesser	2,21	2,31	2,42	2,52	2,62	2,72	2,82	2,92	3,02	3,12

4.14 Amerikanische Bezeichnungen für Isolierungen

S.S.C. = 1 x Seide
D.S.C. = 2 x Seide
S.C.C. = 1 x Baumwolle
D.C.C. = 2 x Baumwolle
Plain enamel = Lack
S.S.E. = Lack + 1 x Seide
S.C.E. = Lack + 1 x Baumwolle

4.15 Amerikanische Drahttabelle (American Wire Gauge (A.W.G.)

1 in. = 25.4 mm; 1 mil = 1/1000 in.
1mm = 0.03937 in.

Nenndurchmesser		AWG-Nummer	
mm	mil	BG[1]	SWG[2]
2.642	104	-	12
2.591	102	10	–
2.337	92	–	13
2.311	91	11	–
2.057	81	12	–
2.032	80	–	14
1.829	72	13	15
1.626	64	14	16
1.448	57	15	–
1.422	56	–	17
1.295	51	16	--
1.219	48	–	18
1.143	45	17	–
1.016	40	18	19
0.9144	36	19	20
0.8128	32	20	21
0.7239	28.5	21	–
0.7112	28	–	22
0.6426	25.3	22	–
0.6096	24	–	23
0.5740	22.6	23	–
0.5588	22	–	24
0.5105	20.1	24	–
0.5080	20	–	25
0.4572	18	–	26
0.4547	17.9	25	–
0.4166	16.4	–	27
0.4039	15.9	26	–
0.3759	14.8	–	28
0.3607	14.2	27	–
0.3454	13.6	–	29
0.3200	12.6	28	–
0.3150	12.4	–	30
0.2946	11.6	–	31
0.2870	11.3	29	–
0.2743	10.8	–	32
0.2540	10.0	30	33
0.2337	9.2	–	34
0.2261	8.9	31	–
0.2134	8.4	–	35
0.2007	7.9	32	–
0.1930	7.6	–	36
0.1803	7.1	33	–
0.1727	6.8	–	37
0.1600	6.3	34	–
0.1524	6.0	–	38
0.1422	5.6	35	–
0.1321	5.2	–	39
0.1270	5.0	36	–
0.1219	4.8	–	40
0.1118	4.4	37	41
0.1016	4.0	38	42
0.09144	3.6	–	43
0.08890	3.5	39	–
0.08128	3.2	–	44
0.07874	3.1	40	–
0.07112	2.8	41	45
0.0633	2.5	42	–
0.06096	2.4	–	46
0.0564	2.2	43	–
0.05080	2.0	44	47
0.0447	1.8	45	–
0.04064	1.6	46	48
0.0355	1.4	47	–
0.03048	1.2	48	49
0.0282	1.1	49	–
0.02504	1.0	50	50

1) BG = Birmingham gauge
2) SWG = Standard wire gauge

4.16 Drahttabelle für Kupferdrähte

Cu-Nenn-durch-messer	Cu-Fläche	Kupferwiderstand in OHM / Meter bei:		max. Windungszahl (ca. Werte) bei:		Wicklung innenliegend ⟷ außenliegend — Zul. Strom in [mA] bei den Stromdichten:				
d [mm]	A [mm]	20 °C	90 °C	10 mm Wickelbreite	1 cm^2 Wickelquerschn.	1 A/mm^2	1,5 A/mm^2	2 A/mm^2	2,55 A/mm^2	3 A/mm^2
0,03	0,000707	24,82	31,77	204	41 000	0,707	1.06	1,41	1,80	2,12
0,04	0,00126	13,95	17,85	164	27 000	1,26	1,88	2,51	3,21	3,77
0,05	0,00196	8,94	11,45	141	19 600	1,96	2,94	3,93	5,00	5,89
0,06	0,00283	6,21	7,95	116	13 500	2,83	4,24	5,65	7,21	8,48
0,07	0,00385	4,56	5,84	103	10 700	3,85	5,77	7,70	9,81	11,54
0,08	0,00503	3,49	4,47	93	8700	5,03	7,54	10,1	12,8	15,1
0,09	0,00636	2,76	3,54	84	7100	6,36	9,54	12,7	16,2	19,1
0,10	0,00784	2,23	2,86	78	6000	7,85	11,78	15,7	20,0	23,6
0,11	0,00950	1,846	2,35	69	4800	9,50	14,25	19,0	24,23	28,5
0,12	0,01131	1,551	1,985	64	4100	11,31	17	22,6	28,84	33,93
0,13	0,01327	1,322	1,692	60	3600	13,27	20	26,5	33,85	39,8
0,14	0,01539	1,140	1,459	56	3200	15,39	23	30,78	39,25	46,18
0,15	0,01767	0,993	1,270	53	2800	17,67	26,50	35,3	45	53
0,16	0,02011	0,873	1,117	50	2500	20,1	30,2	40,2	51,3	60,3

0,17	0,02270	0,773	0,989	47	2300	22,7	34	45,4	57,8	68,1
0,18	0,02545	0,689	0,883	45	2050	25,44	38,2	50,9	64,89	76,3
0,19	0,02835	0,619	0,792	43	1850	28,35	42,5	56,7	72,3	85,1
0,20	0,03142	0,558	0,715	41	1700	31,41	47,1	62,8	80,1	94,2
0,21	0,03464	0,507	0,649	39	1500	34,64	52	69,3	88,3	103,9
0,22	0,03801	0,462	0,591	37	1400	38,01	57	76	96,9	114
0,23	0,04155	0,422	0,540	36	1300	41,55	62,3	83,1	105,9	125
0,24	0,04524	0,388	0,497	24	1200	45,24	67,9	90,5	115,4	135,7
0,25	0,04909	0,357	0,457	33	1120	49,1	73,6	98,2	125,2	147,3
0,26	0,05309	0,330	0,422	32	1030	53,1	79,6	106,2	135,4	159,3
0,27	0,05726	0,306	0,392	31	960	57,25	86	114,5	146	172
0,28	0,06158	0,285	0,365	30	900	61,57	92,4	123,1	157	185
0,29	0,06605	0,266	0,340	29	840	66	99	132,1	162	198,2
0,30	0,07069	0,248	0,318	28	780	70,68	106	141,4	180	212
0,31	0,0755	0,233	0,297	27	729	75,48	113,2	151	192,5	226,4
0,32	0,08042	0,218	0,279	26	670	80,42	120,6	160,8	205,1	241,3
0,33	0,0855	0,205	0,261	25	620	85,52	128,3	171	21,8	256,6
0,34	0,09079	0,193	0,247	24	570	90,79	136,2	181,5	231,5	272,4
0,35	0,0962	0,182	0,232	24	570	96,21	144,3	192,,4	245,3	288,6
0,36	0,1018	0,172	0,220	23	520	101,78	152,6	203,6	255,9	305,3
0,37	0,1075	0,163	0,208	23	520	107,5	161,3	215	274,2	322,5
0,38	0,1134	0,155	0,198	22	480	113,4	170,1	226,8	289,2	340,2
0,39	0,1194	0,147	0,187	22	480	119,46	179,2	239	304,6	358
0,40	0,1257	0,139	0,178	21	440	125,7	188,5	251,3	320,4	377

Cu-Nenn-durch-messer d [mm]	Cu-Fläche A [mm]	Kupferwiderstand in OHM / Meter bei: 20 °C	90 °C	max. Windungszahl (ca. Werte) bei: 10 mm Wickel-breite	1 cm^2 Wickel-quer-schn.	Wicklung innenliegend ⟷ außenliegend — Zul. Strom in [mA] bei den Stromdichten: $\frac{1\ A}{mm^2}$	$\frac{1,5\ A}{mm^2}$	$\frac{2\ A}{mm^2}$	$\frac{2,55\ A}{mm^2}$	$\frac{3\ A}{mm^2}$
0,41	0,1320	0,133	0,170	21	420	132	198	264	337	396
0,42	0,1385	0,127	0,1620	20	400	139,5	207,8	277	353	416
0,43	0,1452	0,121	0,154	20	480	145,2	217,8	290,4	370	435
0,44	0,1520	0,115	0,148	20	470	152	228	304	388	456
0,45	0,1590	0,110	0,1412	19	360	159	238,6	318	406,5	477
0,46	0,1661	0,106	0,135	19	340	166,2	249,3	332,4	424	498
0,47	0,1735	0,101	0,129	18	320	173,5	260,2	347	442,4	520
0,48	0,1809	0,0971	0,124	18	310	181	271,4	362	461,4	543
0,49	0,1885	0,0932	0,119	18	300	188,6	283	377,2	480,8	566
0,50	0,1963	0,0894	0,114	17	280	196,4	294,5	392,7	500,7	589
0,51	0,2042	0,0860	0,110	17	270	204,3	306,4	408,6	521	613
0,52	0,2124	0,0827	0,105	17	260	212,4	318,5	424,7	542	637
0,53	0,2206	0,0796	0,101	16	250	220,6	331	441,2	563	662
0,54	0,2290	0,0767	0,0978	16	230	229	343,5	458	584	687
0,55	0,2376	0,0738	0,0945	15	220	237,6	356,4	475	606	713
0,56	0,2463	0,0173	0,0909	15	210	246,3	369,5	492,6	628	739
0,57	0,2552	0,0688	0,0877	15	200	255,2	382,7	510,3	651	766

0,58	0,2642	0,0665	0,0848	15	200	264,2	396,3	528,4	674	793
0,59	0,2734	0,0642	0,0819	14	190	273,4	410	547,8	697	820
0,60	0,2827	0,0621	0,0795	14	190	282,7	424,1	565,5	721	848
0,61	0,2922	0,0600	0,0765	14	180	292,3	438,4	584,5	745	877
0,62	0,3019	0,0582	0,0742	14	170	302	452,8	603,8	770	905
0,63	0,3117	0,0563	0,0718	14	170	311,7	467,6	623,4	795	935
0,64	0,3217	0,0546	0,0692	13	160	321,7	482,5	643,4	820	965
0,65	0,3318	0,0529	0,0678	13	160	332	497,7	663,7	846	995
0,66	0,3421	0,0513	0,0654	13	160	342	513,2	684,2	872	1026
0,67	0,3525	0,0498	0,0635	13	160	352,6	529,8	705,1	899	1058
0,68	0,3632	0,0483	0,0616	13	150	363,2	544,7	726,3	926	1089
0,69	0,3739	0,0470	0,0599	12	140	374	560,8	747,8	954	1122
0,70	0,3848	0,0456	0,0584	12	140	385	577,3	769,7	981	1155
0,71	0,3959	0,0444	0,0566	12	140	396	593,9	791,8	1010	1188
0,72	0,4072	0,0431	0,0550	12	130	407	610,7	814,3	1038	1221
0,73	0,4185	0,0422	0,0538	12	130	418,5	627,8	837,1	1067	1256
0,74	0,4300	0,0408	0,0520	12	130	430	645,1	860,2	1097	1290
0,75	0,4418	0,0397	0,0509	11	120	442	662,6	883,6	1127	1325
0,76	0,4536	0,0387	0,0493	11	120	453,6	680,5	907,3	1157	1361
0,77	0,4656	0,0377	0,0480	11	120	465,6	698,5	931,3	1187	1397
0,78	0,4778	0,0367	0,0468	11	120	478	716,5	955,7	1219	1434
0,79	0,4901	0,0358	0,0457	11	120	490	735,2	980,3	1250	1470
0,80	0,5027	0,0349	0,0447	11	120	503	754	1005,3	1282	1507
0,81	0,5153	0,0341	0,0435	11	110	515,3	773	1031	1314	1546

Cu-Nenn-durchmesser d [mm]	Cu-Fläche A [mm]	Kupferwiderstand in OHM / Meter bei: 20 °C	90 °C	max. Windungszahl (ca. Werte) bei: 10 mm Wickelbreite	1 cm^2 Wickelquerschn.	Wicklung innenliegend ⟷ außenliegend — Zul. Strom in [mA] bei den Stromdichten: $\frac{1\ A}{mm^2}$	$\frac{1{,}5\ A}{mm^2}$	$\frac{2\ A}{mm^2}$	$\frac{2{,}55\ A}{mm^2}$	$\frac{3\ A}{mm^2}$
0,82	0,5281	0,0333	0,0425	11	110	528	792,1	1056	1347	1584
0,83	0,5411	0,0325	0,0414	10	100	541	811,6	1082	1380	162,3
0,84	0,5542	0,0317	0,0404	10	100	554,2	831,3	1108	1413	1662
0,85	0,5675	0,0309	0,0396	10	100	567,5	851,7	1135	1450	1702
0,86	0,5806	0,0302	0,0385	10	100	581	871,3	1162	1480	1743
0,87	0,5945	0,0295	0,0376	10	90	594,5	891,6	118,9	1516	1783
0,88	0,6082	0,0289	0,0368	10	90	608,2	912,3	1216	1551	1824
0,89	0,6221	0,0282	0,0360	10	90	622,1	933,2	1244	1586	1865
0,90	0,6362	0,0276	0,0354	10	90	636,2	954,2	1272	1622	1909
0,91	0,6504	0,0270	0,0344	10	80	650,4	975,6	1301	1658	1951
0,92	0,6648	0,0264	0,0337	9	80	664,8	997,1	1330	1695	1994
0,93	0,6793	0,0258	0,0329	9	80	679,3	1019	1359	1732	2038
0,94	0,6940	0,0253	0,0323	9	80	694	1041	1388	1770	2082
0,95	0,7088	0,0248	0,0318	9	80	708,8	1063	1418	1807	2126
0,96	0,7236	0,0243	0,0310	9	70	724	1086	1448	1846	2171
0,97	0,7390	0,0238	0,0304	9	70	739	1108	1478	1884	2217
0,98	0,7543	0,0233	0,0297	9	70	754,3	1131	1508	1923	2263

0,99	0,7698	0,0228	0,0291	9	60	769,7	1155	1539	1963	2309
1,00	0,7854	0,0223	0,0286	9	60	785,4	1178	1570	2002	2356
1,10	0,9503	0,01846	0,0236	8	60	950,3	1425	1900	2423	2851
1,20	1,131	0,01551	0,0199	8	50	1131	1695	2262	2884	3393
1,30	1,327	0,01322	0,01693	7	45	1327	1991	2655	3385	3982
1,40	1,537	0,01140	0,01460	7	40	1539	2309	3078	3925	4618
1,50	1,770	0,00993	0,01271	6	35	1767	2650	3534	4506	5301
1,60	2,010	0,00873	0,01117	6	25	2011	3016	4021	5127	6032
1,70	2,270	0,00773	0,00990	5	20	2270	3405	4540	5788	6809
1,80	2,545	0,00689	0,00832	5	16	2545	3817	5089	6488	7634
1,90	2,835	0,00619	0,00793	5	14	2835	4253	5670	7230	8506
2,00	3,142	0,00558	0,00715	4	12	3142	4712	6283	8011	9424
2,10	3,464	0,00507	0,00646	4	11	3464	5195	6927	8832	10 390
2,20	3,801	0,00462	0,00589	4	10	3801	5702	7603	9693	11 403
2,30	4,155	0,00423	0,00540	4	9	4155	6232	8309	10 595	12 464
2,40	4,524	0,00388	0,00495	3	9	4524	6786	9048	11 536	13 571
2,50	4,909	0,00358	0,00457	3	8	4909	7363	9817	12 517	14 726
2,60	5,309	0,00331	0,00422	3	7	5309	7964	10 618	13 538	15 928
2,70	5,725	0,00307	0,00392	3	6	5725	8588	11 451	14 600	17 160
2,80	6,157	0,00285	0,00363	3	5	6158	9236	12 320	15 702	18 472
2,90	6,605	0,00266	0,00339	2	4	6605	9908	13 210	16 843	19 815
3,00	7,068	0,00248	0,00316	2	4	7070	10 603	14 137	18 025	21 205
3,10	7,547	0,00233	0,00297	2	4	7548	11 321	15 095	19 247	22 642
3,20	8,042	0,00218	0,00278	2	4	8043	12 063	16 085	20 508	24 127

4.17 Mögliche Windungszahl je 1 cm Wickellänge

Kern-durchmesser	Lack	Lack + Seide	1 × Seide	2 × Seide	1 × Baumwolle	2 × Baumwolle
0,03	204	116	142	93		
0,04	164	100	122	84		
0,05	141	92	108	77		
0,06	116	81	98	72		
0,07	103	75	89	67		
0,08	93	69,5	81,5	62,5		
0,09	84	64,5	74,5	58,5		
0,10	78	60	69	55	47	36
0,11	69	55,2	64,2	52	45	35
0,12	64	52	60	49	42,5	33,6
0,13	60	49	56,3	46,7	40,7	32,4
0,14	56,5	47	53	44,4	39	31,4
0,15	53	44	50	42,2	37,4	30,3
0,16	50,3	42,3	47,5	40,5	36	29,3
0,17	47,5	40,5	45,3	39	34,5	28,5
0,18	45,5	39	43,3	37,3	33,5	27,6
0,19	43	37	41,2	35,8	32	26,7
0,20	41,2	36	39,5	34,5	31,2	25,8
0,21	39	33,5	37,3	33,5	30,2	25,4
0,22	37,3	32,3	36	32,3	29,5	24,8
0,23	36	31,3	34,5	31,3	28,5	24,2
0,24	34,5	30,2	33,5	30,2	27,6	23,5
0,25	33,5	29,4	32,3	29,4	26,8	23
0,26	32	28,3	31	28,3	26	22,3
0,27	31	27,5	30	27,5	25,3	21,8
0,28	30	26,7	29,2	26,7	24,7	21,3
0,29	29,2	26	28,3	26	24	20,9
0,30	28,3	25,3	27,5	25,3	23,5	20,4
0,31	27	24,2	26,7	24,5	24	18,8
0,32	26,2	23,5	26	24	21,4	18,4
0,33	25,5	23	25,3	23,4	21	17,8
0,34	24,8	22,5	24,5	23	20,4	17,5
0,35	24,2	22	24	22,3	20	17,2
0,36	23,6	21,5	23,4	21,8	19,5	16,8
0,37	23	21	23	21,4	19,2	16,5
0,38	22,5	20,5	22,3	21	18,8	16,2
0,39	22	20,0	21,8	20,4	18,5	16
0,40	21,5	19,5	21,4	20	18	15,7
0,42	20,3	18,6	20,3	19,2	17,4	15,2
0,45	19	17,6	19,1	18,0	16,5	14,5
0,48	18	16,7	18	17	15,7	13,8
0,50	17,3	16,2	17,4	16,5	15,2	13,4
0,55	15,7	14,7	16	15	14	12,2
0,60	14,5	13,7	14,7	13,8	13	11,5
0,65	13,4	12,7	13,6	13	12,2	10,8
0,70	12,6	11,9	12,7	12	11,5	10,3
0,75	11,6	11	12	11,3	10,8	9,7
0,80	11	10,5	11,2	10,7	10,2	9,2
0,85	10,3	10	10,6	10	9,7	8,8
0,90	9,8	9,4	10	9,6	9,2	8,4
0,95	9,3	9	9,5	9,1	8,8	8,1
1,00	9	8,6	9	8,7	8,4	7,7

Anmerkung: Für den Abstand zwischen den Windungen ist ein Zuschlag von 5 % in der Tabelle enthalten.

4.18 Mögliche Windungszahl je Quadratzentimeter Wickelquerschnitt

Kern-durchmesser mm	Windungszahl pro cm²						Kern-durchmesser mm	Windungszahl pro cm²					
	Lack	Lack +Seide	1 × Seide	2 × Seide	1 × Baumwolle	2 × Baumwolle		Lack	Lack +Seide	1 × Seide	2 × Seide	1 × Baumwolle	2 × Baumwolle
0,03	41000 •	13500	20000	8700	—	—	0,34	620	505	605	520	415	300
0,04	27000	10500	14900	7100	—	—	0,35	585	485	575	500	400	290
0,05	19600	8500	11700	6000	—	—	0,36	555	460	550	475	385	280
0,06	13500	6600	9600	5200	—	—	0,37	530	440	520	455	370	275
0,07	10700	5600	7900	4500	—	—	0,38	505	420	500	435	355	265
0,08	8700	4800	6600	3900	—	—	0,39	485	405	475	415	340	255
0,09	7100	4100	5500	3400	—	—	0,40	450	390	455	400	330	245
0,10	6000	3650	4750	3000	2200	1300	0,42	410	350	410	365	300	230
0,11	4800	3000	4150	2700	2000	1200	0,45	360	310	365	325	270	210
0,12	4100	2650	3600	2400	1800	1100	0,48	320	280	325	290	245	190
0,13	3600	2400	3200	2200	1650	1050	0,50	300	260	300	270	230	180
0,14	3200	2150	2800	1950	1500	980	0,55	245	215	255	220	195	150
0,15	2800	1950	2500	1800	1400	920	0,60	210	185	215	190	170	130
0,16	2500	1800	2300	1650	1300	860	0,65	180	160	185	165	150	115
0,17	2300	1650	2050	1500	1200	810	0,70	158	140	160	145	130	105
0,18	2050	1500	1900	1400	1120	770	0,75	135	120	140	128	117	94
0,19	1850	1400	1700	1300	1050	720	0,80	120	110	125	114	105	85
0,20	1700	1300	1550	1200	970	675	0,85	105	98	110	100	94	77
0,21	1500	1120	1400	1120	920	650	0,90	96	88	100	93	85	70
0,22	1400	1040	1300	1040	860	610	0,95	87	80	90	84	77	65
0,23	1300	980	1200	980	810	580	1,00	79	73	82	76	71	60
0,24	1200	920	1120	920	765	555	1,10	63	56	63	56	53	45
0,25	1120	860	1040	860	720	530	1,20	55	48	55	48	46	39
0,26	1030	800	960	800	675	500	1,30	45	40	45	40	38	32
0,27	960	755	910	755	640	475	1,40	40	35	40	35	33	31
0,28	910	715	850	715	605	455	1,50	33	29	33	33	28	24
0,29	850	675	800	675	575	435	1,60	29	25	29	25	24	21
0,30	800	640	755	640	550	415	1,70	26	23	26	23	22	19
0,31	725	585	715	605	475	340	1,80	23	20	23	20	19	17
0,32	685	555	675	580	455	330	1,90	21	18	21	18	18	15
0,33	650	530	640	550	435	315	2,00	19	16	19	16	16	13

4.19 Trafodaten bei M-EI- und UI-Schnitten

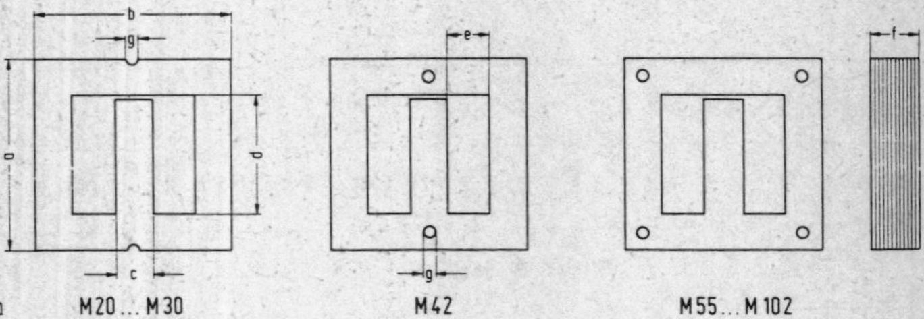

a

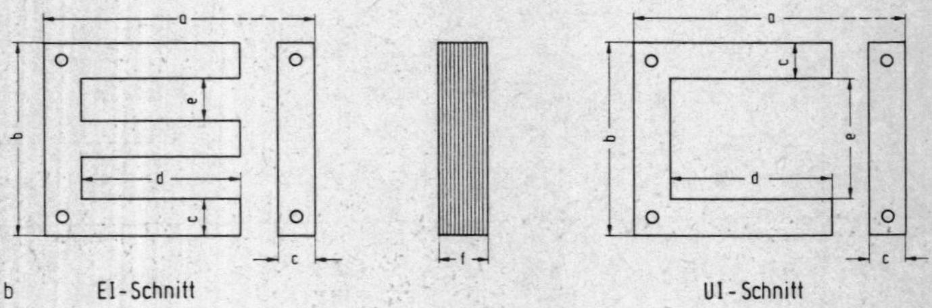

b

Typ Blechpaket	maximale Leistung P [VA]	Blechbreite a [cm]	Blechhöhe b [cm]	Stegbreite c [cm]	Fenster-breite d [cm]	Fenster-höhe e [cm]	Fenster-quer-schnitt d · e [cm²]	Paket-stärke f [cm]	Kern-quer-schnitt F [cm²]	Gewicht ca. [p]	Loch-durch-messer g [mm]	durchschnittliche Windungszahl pro Volt primär ca.	sekundär ca.	Wirkungs-grad ca. η
M 20/5	< 5	2,0	2,0	0,5	1,3	0,4	0,52	0,5	0,25	11	2,8	168		
M 30/7	< 5	3,0	3,0	0,7	2,0	0,65	1,3	0,5	0,49	33	3	86	≈ 140	
M 30/10	< 5	3,0	3,0	0,7	2,0	0,65	1,3	1,05	0,74	50	3,5	57	≈ 85	< 0,5
M 42/15	5	4,2	4,2	1,2	3,0	0,9	2,7	1,5	1,80	132	3,5	23,4	≈ 34,8	0,6
M 55/20	15	5,5	5,5	1,7	3,8	1,05	4,0	2,0	3,40	321	3,5	12,4	14,1	0,7
M 65/27	30	6,5	6,5	2,0	4,5	1,25	5,6	2,7	5,40	600	4,5	7,8	9	0,77
M 74/32	50	7,4	7,4	2,3	5,1	1,4	7,1	3,2	7,36	945	4,5	5,68	6,3	0,83
M 85/32 a	70	8,5	8,5	2,9	5,6	1,35	7,6	3,25	9,43	1360	4,5	4,51	4,95	0,84
M 85/45 b	95	8,5	8,5	2,9	5,6	1,35	7,6	4,5	13,05	1800	4,5	3,2	3,5	0,86
M 102/35 a	120	10,2	10,2	3,4	6,8	1,7	11,6	3,55	12,10	2120	5,5	3,5	3,86	0,88
M 102/52 b	180	10,2	10,2	3,4	6,8	1,7	11,6	5,25	17,90	3140	5,5	2,34	2,46	0,89

Daten der Blechpakete bei – EI – und UI – Schnitten

Typ Blechpaket	maximale Leistung P [VA]	Blechbreite a [cm]	Blechhöhe b [cm]	Stegbreite c [cm]	Fenster-breite d [cm]	Fenster-höhe e [cm]	Fenster-quer-schnitt d · e [cm²]	Paket-stärke f [cm]	Kern-quer-schnitt F [cm²]	Gewicht ca. [p]	durchschnittliche Windungszahl/Volt primär ca.	sekundär ca.	Wirkungs-grad ca. η
EI 30/10	< 10	2,5	3,0	1,0	1,5	0,5	0,75	1,0	1,0	46	42,3	58	0,60
EI 48/16	< 10	4,0	4,8	1,6	2,4	0,8	1,92	1,6	2,56	186	16,5	20	0,65
EI 54/18	10	4,5	5,4	1,8	2,7	0,9	2,43	1,8	3,24	252	13	14,4	0,68
EI 60/20	15	5,0	6,0	2,0	3,0	1,0	3,00	2,0	4,00	344	10,55	12,1	0,72
EI 66/22	20	5,5	6,6	2,2	3,3	1,1	3,63	2,2	4,84	410	8,71	10,2	0,75
EI 78/26	35	6,5	7,8	2,6	3,9	1,3	5,07	2,6	6,76	722	6,24	6,9	0,78
EI 84/28	50	7,0	8,4	2,8	4,2	1,4	5,88	2,8	7,84	1090	5,38	6,2	0,81
EI 84/42	75	7	8,4	2,8	4,2	1,4	5,88	4,2	11,8	1650	3,6	4,1	0,83
EI 105/35	100	8,75	10,5	3,5	5,25	1,75	9,19	3,5	12,25	1900	3,3	3,5	0,85
EI 105/45	140	8,75	10,5	3,5	5,25	1,75	9,19	4,5	15,75	2460	2,6	2,7	0,87
EI 130/35	250	10,5	13,0	3,5	7,0	3,0	21,0	3,5	12,25	2440	3,3	3,5	0,91
EI 130/45	290	10,5	13,0	3,5	7,0	3,0	21,0	4,5	15,75	3110	2,6	2,7	0,92
EI 150/4	300	12	15	2	8	3,5	28	4	16	3700	2,48	2,62	0,93
EI 150/5	400	12	15	2	8	3,5	28	5	20	4700	2,0	2,1	0,935
EI 150/6	460	12	15	2	8	3,5	28	6	24	5600	1,68	1,75	0,94
UI 30/10	< 10	5,0	3,0	1,0	3,0	1,0	3,00	1,0	1,0	85	42,3	58	
UI 39/13	12	6,5	3,9	1,3	3,9	1,3	5,07	1,3	1,7	186	25	36	
UI 48/16	30	8,0	4,8	1,6	4,8	1,6	7,68	1,6	2,6	348	16,2	19,5	
UI 60/20	75	10,0	6,0	2,0	6,0	2,0	12,00	2,0	4,0	680	10,55	12,1	
UI 72/24	170	12,0	7,2	2,4	7,2	2,4	17,28	2,4	5,8	1168	7,27	8,8	
UI 87/29	300	14,5	8,7	2,9	8,7	2,9	25,23	2,9	8,4	2047	5	5,8	

4.20 Zink-Kohle-Zellen

Monozelle R20

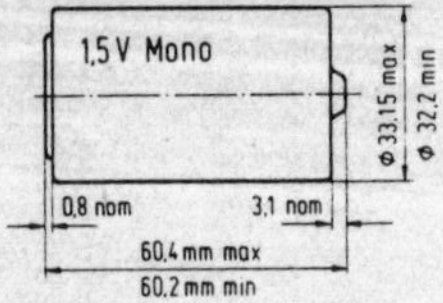

Gewicht in g	90
Entnehmbare Kapazität	6 Ah
Betriebsdauer je nach Belastung	12,5 bis 250 Std.
Kosten je nach Belastung pro Stunde	0,77 bis 19 Pf

Babyzelle R14

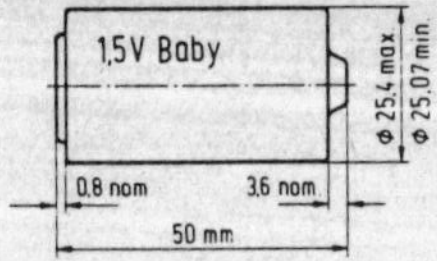

Gewicht in g	46
Entnehmbare Kapazität	2,8 Ah
Betriebsdauer je nach Belastung	4,5 bis 86 Std.
Kosten je nach Belastung pro Stunde	1,4 bis 27 Pf

Mignonzelle R6

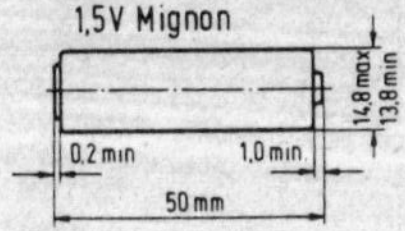

Gewicht in g	18
Entnehmbare Kapazität	1,1 Ah
Betriebsdauer je nach Belastung	3,4 bis 63 Std.
Kosten je nach Belastung	1,8 bis 32 Pf

Microzelle R03

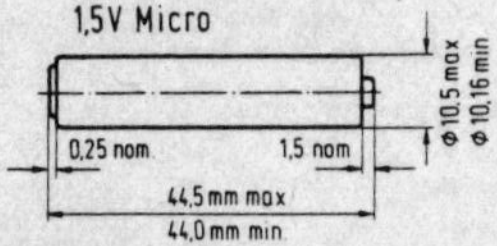

Gewicht in g	11
Entnehmbare Kapazität	500 mAh
Betriebsdauer je nach Belastung	1,6 bis 50 Std.
Kosten je nach Belastung pro Stunde	2 bis 80 Pf

Ladyzelle R1

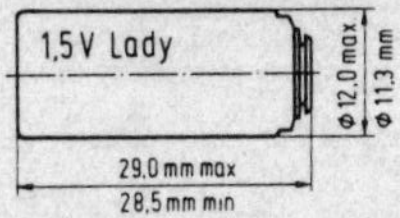

Gewicht in g	7
Entnehmbare Kapazität	400 mAh
Betriebsdauer je nach Belastung	1 bis 40 Std.
Kosten je nach Belastung pro Stunde	3,5 bis 95 Pf

Transistorbatterie 6F22

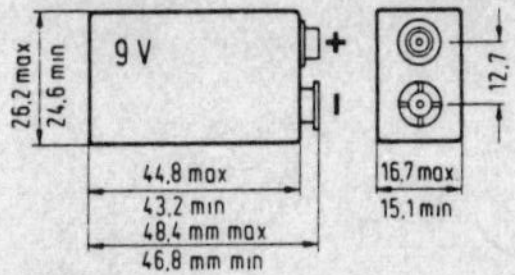

Gewicht in g	33
Entnehmbare Kapazität	310 mAh
Betriebsdauer je nach Belastung	40 Min. bis 27 Std.
Kosten je nach Belastung pro Stunde	3 bis 160 Pf

4.21 Alkali-Mangan-Zellen

Monozelle LR20

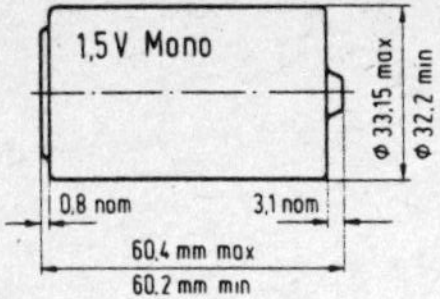

Gewicht in g	96
Entnehmbare Kapazität	10 Ah
Betriebsdauer je nach Belastung	13 bis 420 Std.
Kosten je nach Belastung pro Stunde	0,87 bis 21 Pf

Babyzelle LR14

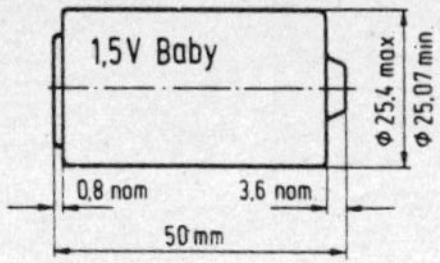

Gewicht in g	50
Entnehmbare Kapazität	5 Ah
Betriebsdauer je nach Belastung	7,5 bis 190 Std.
Kosten je nach Belastung pro Stunde	1,2 bis 16 Pf

Mignonzelle LR6

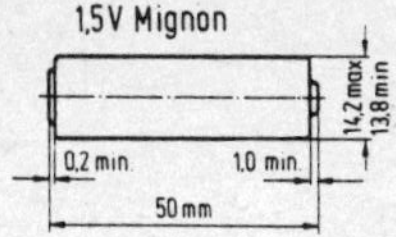

Gewicht in g	20
Entnehmbare Kapazität	1,5 Ah
Betriebsdauer je nach Belastung	4 bis 105 Std.
Kosten je nach Belastung pro Stunde	1,8 bis 50 Pf

Microzelle LR03

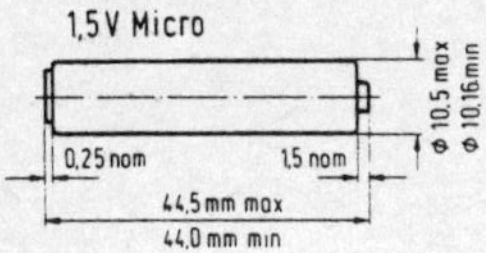

Gewicht in g	13
Entnehmbare Kapazität	750 mAh
Betriebsdauer je nach Belastung	2 bis 60 Std.
Kosten je nach Belastung pro Stunde	2 bis 90 Pf

Ladyzelle LR1

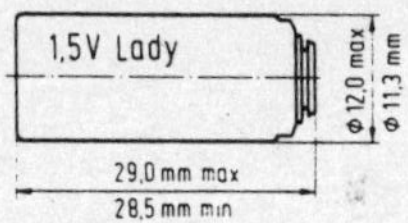

Gewicht in g	8
Entnehmbare Kapazität	580 mAh
Betriebsdauer je nach Belastung	1,5 bis 48 Std.
Kosten je nach Belastung pro Stunde	3 bis 110 Pf

Transistorbatterie 6LF22

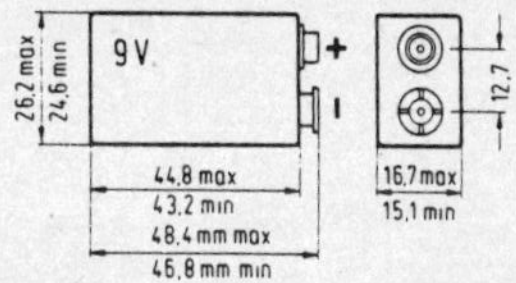

Gewicht in g	35
Entnehmbare Kapazität	380 mAh
Betriebsdauer je nach Belastung	50 Min. bis 30 Std.
Kosten je nach Belastung pro Stunde	6 bis 200 Pf

4.22 NC-Akkus – Übersicht

	Type	NC-12	NC-24	NC-45	NC-50	NC-120	NC-200	NC-230	NC-350	NC-400	NC-700	NC-1000
	Größe: IEC-	1/3AA	1/2 AA	1/2 A	Mignon AA KR-15/51	RR KR-23/43	Baby C KR-27/50	1/2 D	DM	Mono D KR-35/62	F KR-35/92	SF KR-44/9
Nennkapazität (5stündig) in Ah ca.		0,11	0,24	0,45	0,5	1,2	2	2,3	3,5	4	7	10
Nennspannung in Volt ca.		1,2	1,2	1,2	1,2	1,2	1,2	1,2	1,2	1,2	1,2	1,2
Entladeschlußspannung in Volt ca.		1,0	1,0	1,0	1,0	1,0	1,0	1,0	1,0	1,0	1,0	1,0
max. Dauerbelastung in A ca.		1	2	4	4	10	10	35	35	35	35	35
max. Stoßbelastung in A ca.		4	8	15	15	25	25	85	85	85	85	85
Kurzschlußstrom in A ca.		17	25	30	35	50	70	90	95	100	100	100
Normalladung bei ca. 20°C: 12 Std. mit ca. mA		14	30	56	65	150	250	300	425	500	875	1300
Schnelladung bei ca. 20°C: 75 Min. mit ca. A		0,11	0,24	0,45	0,5	1,2	2,0	2,3	3,5	4	7	10
Dauerladung bei ca. 20°C mit mA		6-14	12-30	22-56	25-65	60-150	100-250	120-300	180-430	200-500	350-875	500-1300
Ladespannung in Volt bei ca. 20°C ca.:		1,25-1,45	1,25-1,45	1,25-1,45	1,25-1,45	1,25-1,45	1,25-1,45	1,25-1,45	1,25-1,45	1,25-1,45	1,25-1,45	1,25-1,45
Innenwiderstand in mΩ ca.		70	55	40	35	20	13	11	8	7	6	5
Temperaturgrenzen für	Lagerung	-60° C bis +60° C										
	Ladung	-30° C bis +55° C										
	Entladung	-30° C bis +50° C										
Durchmesser in mm:	max. ca.	14,1	14,1	17,4	14,3	22,6	26,0	33,8	32,5	33,8	33,8	41,5
Höhe in mm:	max. ca.	17,0	28,1	28,1	50,1	42,8	49,0	38,8	57,5	61,0	91,0	91,0
Gewicht in g:	ca.	8	13	19	27	50	78	100	155	170	255	410

4.23 Bauformen und Ladedaten von NC-Akkus

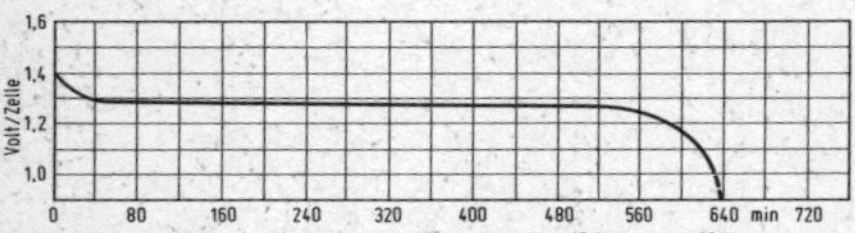

Entladekurve bei kontinuierlicher Entladung über 10 Stunden bei 20°C

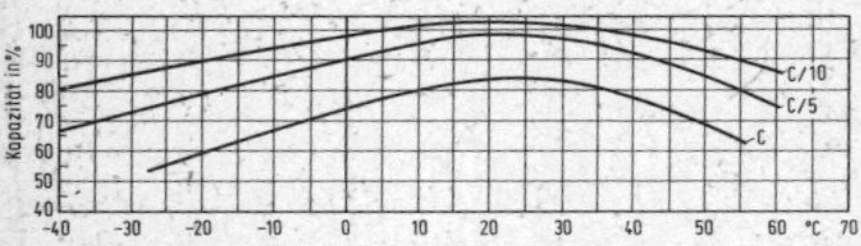

Ladung und Entladung bei unterschiedlichen Temperaturen

Ladeart	Ladestrom	Bruchteil von C	Ladezeit
Erhaltens-ladung	0,01 C 0.02 C 0,03 C 0,04 C	C/100 C/50 C/30 C/25	100 Stunden 50 Stunden 30 Stunden 25 Stunden
Normal-ladung	0,05 C 0,1 C	C/20 C/10	20 Stunden 10 Stunden
Beschleunigtes Laden	0,2 C 0,25 C 0,3 C	C/5 C/4 C/3	5 Stunden 4 Stunden 3 Stunden
Schnell-laden	1 C 2 C 3 C 4 C	C 2 C 3 C 4 C	1 Stunde 30 Minuten 20 Minuten 15 Minuten
Spannungs- und Temperaturkontrolle obligatorisch			

1/3 AA
KR 15/18

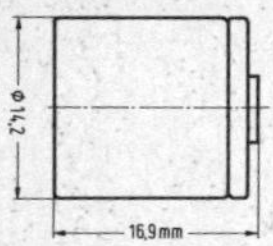

Nennkapazität (Ah)	0,24
Nennspannung (V)	1,2
Innenwiderstand (mΩ)	55
Max. Dauerbelastung (A)	2
Max. Stoßbelastung (A)	8
Dauerladung bei 20°C (mA)	12-30
Normalladung bei 20°C, 12 Std (mA)	30
Schnelladung bei 20°C, 75 min (A)	0,24

AA „Mignon" KR 15/51 CF

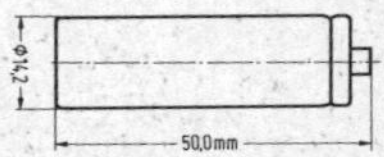

Nennkapazität (Ah)	0,5
Nennspannung (V)	1,2
Innenwiderstand (mΩ)	35
Max. Dauerbelastung (A)	4
Max. Stoßbelastung (A)	15
Dauerladung bei 20°C (mA)	25-65
Normalladung bei 20°C, 12 Std (mA)	65
Schnelladung bei 20°C, 75 min (A)	0,5

U3 „Mignon"-Leichtbau

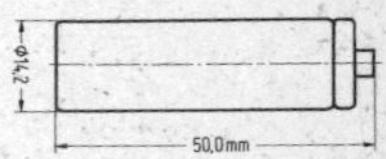

Nennkapazität (Ah)	0,45
Nennspannung (V)	1,2
Innenwiderstand (mΩ)	40
Max. Dauerbelastung (A)	–
Max. Stoßbelastung (A)	–
Dauerladung bei 20°C (mA)	–
Normalladung bei 20°C, 12 Std (mA)	50
Schnelladung bei 20°C, 75 min (A)	–

1/2 D
KR 27/26

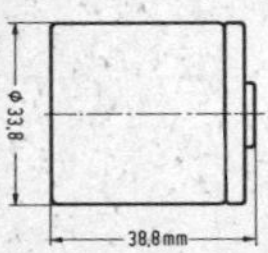

Nennkapazität (Ah)	2,3
Nennspannung (V)	1,2
Innenwiderstand (mΩ)	11
Max. Dauerbelastung (A)	35
Max. Stoßbelastung (A)	85
Dauerladung bei 20°C (mA)	120-300
Normalladung bei 20°C, 12 Std (mA)	300
Schnelladung bei 20°C, 75 min (A)	2,3

D „Mono" KR 35/62

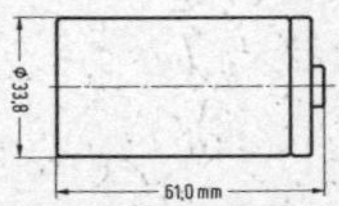

Nennkapazität (Ah)	4
Nennspannung (V)	1,2
Innenwiderstand (mΩ)	7
Max. Dauerbelastung (A)	35
Max. Stoßbelastung (A)	85
Dauerladung bei 20°C (mA)	200-500
Normalladung bei 20°C, 12 Std (mA)	500
Schnelladung bei 20°C, 75 min (A)	4

U1 „Mono"-Leichtbau

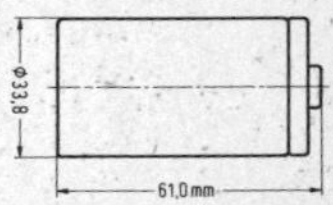

Nennkapazität (Ah)	1,2
Nennspannung (V)	1,2
Innenwiderstand (mΩ)	13
Max. Dauerbelastung (A)	–
Max. Stoßbelastung (A)	–
Dauerladung bei 20°C (mA)	–
Normalladung bei 20°C, 12 Std (mA)	150
Schnelladung bei 20°C, 75 min (A)	–

Zellengröße	Kapazität Ah	Normal-ladung 0,1 C (A)	Ladestrom in mA für beschleunigtes Laden
1/3 AA	0,1	0,01	30
1/3 A	0,13	0,013	45
1/2 AA	0,25	0,025	75
AA (Mignon-Zelle)	0,45	0,045	150
A	0,6	0,06	180
2/3 C	0,9	0,09	270
C (Baby-Zelle)	1,5	0,15	450
1/2 D	2,0	0,2	600
D (Mono-Zelle)	3,5	0,35	1000

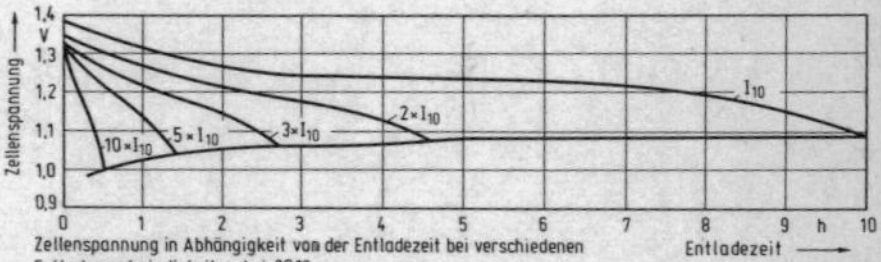

Zellenspannung in Abhängigkeit von der Entladezeit bei verschiedenen Entladegeschwindigkeiten bei 20 °C

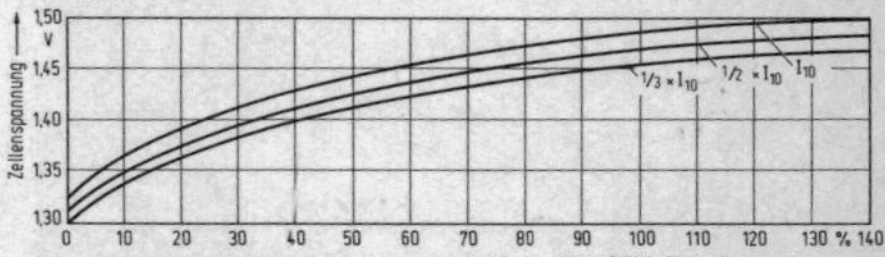

Zellenspannung in Abhängigkeit von der eingeladenen Kapazität bei verschiedenen Ladegeschwindigkeiten bei 20 °C

RR KR 23/43

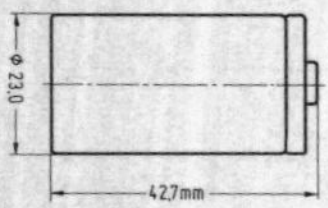

Nennkapazität (Ah)	1,2
Nennspannung (V)	1,2
Innenwiderstand (mΩ)	20
Max. Dauerbelastung (A)	10
Max. Stoßbelastung (A)	25
Dauerladung bei 20°C (mA)	60-150
Normalladung bei 20°C, 12 Std (mA)	150
Schnelladung bei 20°C, 75 min (A)	1,2

C „Baby" KR 27/50 CF

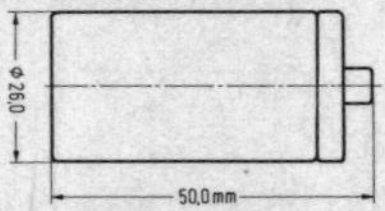

Nennkapazität (Ah)	2
Nennspannung (V)	1,2
Innenwiderstand (mΩ)	13
Max. Dauerbelastung (A)	10
Max. Stoßbelastung (A)	25
Dauerladung bei 20°C (mA)	100-250
Normalladung bei 20°C, 12 Std (mA)	250
Schnelladung bei 20°C, 75 min (A)	2,0

U2 „Baby"-Leichtbau

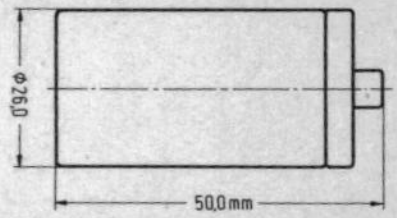

Nennkapazität (Ah)	1,2
Nennspannung (V)	1,2
Innenwiderstand (mΩ)	13
Max. Dauerbelastung (A)	–
Max. Stoßbelastung (A)	–
Dauerladung bei 20°C (mA)	–
Normalladung bei 20°C, 12 Std (mA)	150
Schnelladung bei 20°C, 75 min (A)	–

F KR 35/9218

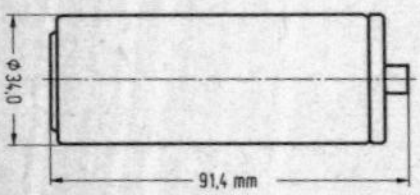

Nennkapazität (Ah)	7
Nennspannung (V)	1,2
Innenwiderstand (mΩ)	6
Max. Dauerbelastung (A)	35
Max. Stoßbelastung (A)	85
Dauerladung bei 20°C (mA)	350-875
Normalladung bei 20°C, 12 Std (mA)	875
Schnelladung bei 20°C, 75 min (A)	7

SF KR 44/9

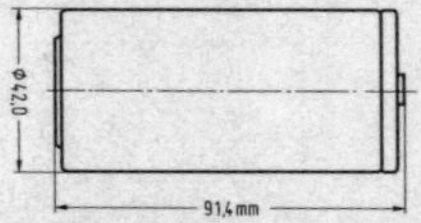

Nennkapazität (Ah)	10
Nennspannung (V)	1,2
Innenwiderstand (mΩ)	5
Max. Dauerbelastung (A)	35
Max. Stoßbelastung (A)	85
Dauerladung bei 20°C (mA)	500-1300
Normalladung bei 20°C, 12 Std (mA)	1300
Schnelladung bei 20°C, 75 min (A)	10

9-V-Block „Transistor"—

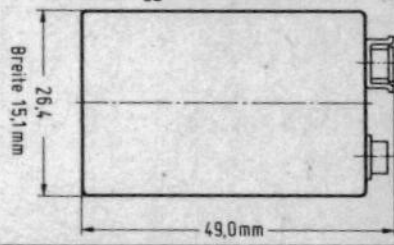

Nennkapazität (Ah)	0,11
Nennspannung (V)	8,4
Innenwiderstand (mΩ)	850
Max. Dauerbelastung (A)	0,165
Max. Stoßbelastung (A)	1,5
Dauerladung bei 20°C (mA)	—
Normalladung bei 20°C, 12 Std (mA)	11
Schnelladung bei 20°C, 75 min (A)	—

5 Frequenzbereiche und Daten im Funkverkehr

5.1 Definitionen der Wellenlängen

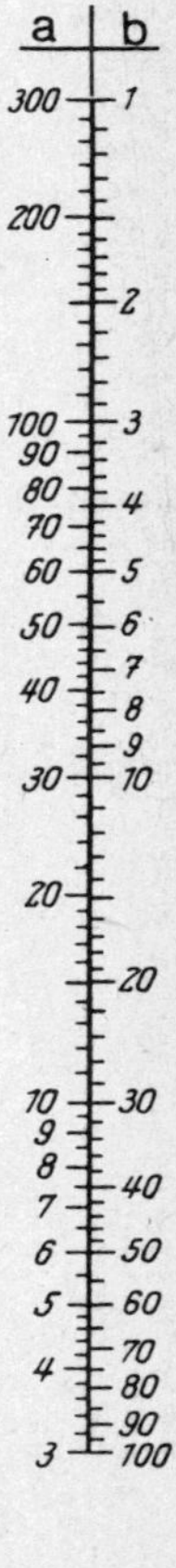

Millimeterwellen, λ = 1 bis 10 mm
Ultrarot (Infrarot), λ = 0,8 bis 375 μm
Sichtbares Licht rot/violett, λ = 0,4 bis 0,8 μm
Ultraviolett, λ = 100 bis 4000 Å
Röntgenstrahlen, λ = 0,03 X.E. bis 300 Å
Anm.: 1 Å = 10^{-8} cm, 1 X.E. $\approx$ 10^{-11} cm.

Umrechnung Frequenz und Wellenlänge

Spalte a	km	m	mm	GHz	MHz	kHz
Spalte b	kHz	MHz	GHz	mm	m	Km

Beispiel: 100 MHz ≙ 3 m

Umrechnung:

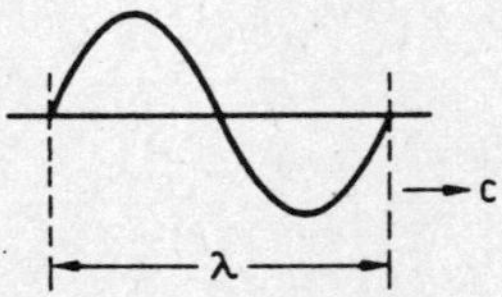

$$\lambda = \frac{c}{f}$$

$$c = 2{,}99792 \cdot 10^{8}\ \frac{m}{s}$$

(Wellengeschwindigkeit der elektromagnetischen Welle – Vakuum)

Ausbreitungseigenschaften einzelner Frequenzbereiche

Wellenbereich (DIN 40015)	Frequenzbereich	Ausbreitungseigenschaften
100...10 km Myriameterwellen	3...30 kHz VLF; CCIR-Band 4	praktisch ohne Raumwelle u. Schwunderscheinungen; Reichweite z. B. 20 000 km
10 000...1000 m Kilometerwellen	30...300 kHz LF; CCIR-Band 5	vorwiegend Bodenwellen mit Schattenwurf durch entsprechend große Hindernisse im kurzwelligen Bereich; Raumwelle wird von Ionosphäre nicht reflektiert, sondern auf große Entfernungen geführt
1000...100 m Hektometerwellen	300...3000 kHz MF; CCIR-Band 6	tags vorwiegend Bodenwellen (Nahempfang), nachts erhöhte Reichweite der Raumwelle und Fading; Reichweite je nach Senderleistung z. B. 1500 bis 4000 km
100...10 m Dekameterwellen Kurzwellen	3...30 MHz HF; CCIR-Band 7	allgemein: mit zunehmender Frequenz geringere Bedeutung der Bodenwelle und tote Zone um Sender (30... über 100 km); Weitempfang durch mehrfach an der Ionosphäre reflektierte Raumwellen.
100...50 m	3... 6 MHz	Labile Ausbreitungsverhältnisse, nachts tote Zone; Reichweiten wenig senderabhängig, z. B. 400 (tags) bis 3000 km (nachts);
50...30 m	6...10 MHz	mit toter Zone und Fading, i. a. aber stabile Ausbreitungsbedingungen; Reichweiten tags bis 5000 km, nachts bis 15 000 km;
30...15 m	10...20 MHz	Reichweiten: Sommertag bis 20 000 km, Winternacht bis 25 000 km; Wintertag und Sommernacht wegen Dämmerungszone weniger;
15...10 m	20...30 MHz	Weitverkehr kurzzeitig (Sommertag) möglich, wenn Raumwelle reflektiert wird.
10...1 m Meterwellen, UKW	30...300 MHz VHF; CCIR-Band 8	nahezu quasioptische Ausbreitung mit regelmäßigen Schattenreichweiten und meteorologisch bedingten Überreichweiten; Raumwelle kehrt nicht zur Erde zurück.
1...0,1 m Dezimeterwellen	300...3000 MHz UHF; CCIR-Band 9	quasioptische Ausbreitung
10...1 cm Zentimeterwellen	3...30 GHz SHF; CCIR-Band 10	quasioptische Ausbreitung
10...1 mm Millimeterwellen	30...300 GHz EHF; CCIR-Band 11	quasioptische Ausbreitung
1...0,1 mm Dezimillimeterwellen	300...3000 GHz CCIR-Band 12	quasioptische Ausbreitung Übergang in das Infrarotgebiet

Die Reichweitenangaben dienen nur dem Vergleich zwischen den einzelnen Bereichen, sie sind also keine absoluten Werte.

In den Abkürzungen der englischen Bereichsbezeichnungen bedeuten: F = Frequency (Frequenz); E = Extrem (besonders); H = High (hoch); L = Low (niedrig); M = Middle (Mittel-); S = Super (Über-); U = Ultra; V = Very (sehr).

5.2 Frequenzen und Wellenlängen elektromagnetischer Schwingungen

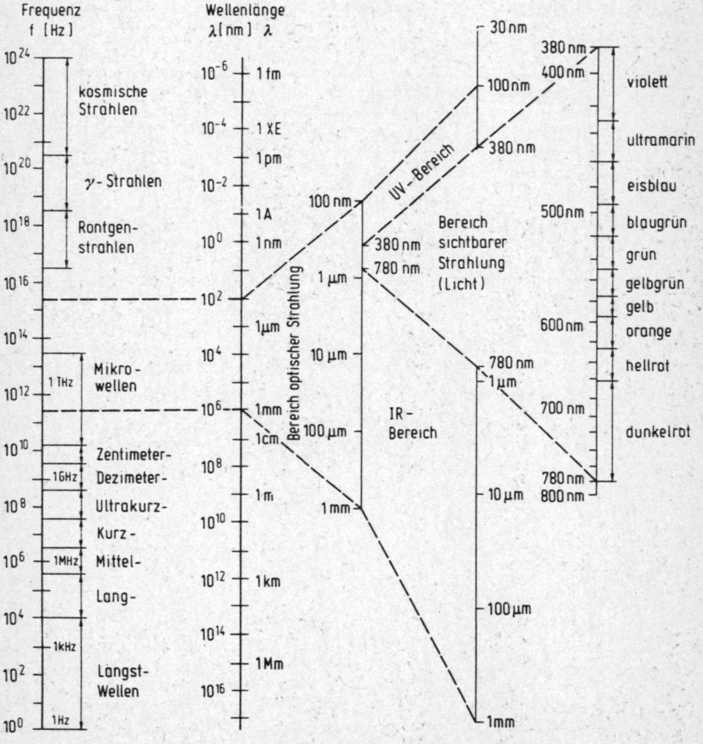

Netzfrequenz, $f = 16\,^2/_3$ bis 60 Hz
Tonfrequenter Wechselstrom, $f = 16$ bis $2 \cdot 10^4$ Hz
Myriameterwellen $\lambda = 10$ bis 100 km
Kilometerwellen (Langwellen), $\lambda = 1$ bis 10 km
Hektometerwellen (Mittelwellen), $\lambda = 100$ bis 1000 m
Dekameterwellen (Kurzwellen), $\lambda = 10$ bis 100 m
Meterwellen (Ultrakurzwellen), $\lambda = 1$ bis 10 m
Dezimeterwellen, $\lambda = 1$ bis 10 dm
Zentimeterwellen, $\lambda = 1$ bis 10 cm

5.3 Rundfunk- und Fernsehbereiche

● Langwellen-Bereich 150...285 kHz 2...1,05 km Kanalbreite je 10 kHz

● Mittelwellen-Bereich 535...1605 kHz 560...189 m Kanalbreite je 10 kHz

● Kurzwellen-Rundfunkbereich 6...21,45 MHz Kanalbreite je 10 kHz

Band	Frequenzband	Wellenband	Gesamt-Bandbreite
49 m	6,00... 6,20 MHz	50,00...48,39 m	200 kHz
41 m	7,20... 7,30 MHz	41,67...41,10 m	100 kHz
31 m	9,50... 9,70 MHz	31,58...30,93 m	200 kHz
25 m	11,70...11,90 MHz	25,64...25,21 m	200 kHz
19 m	15,10...15,35 MHz	19,87...19,54 m	250 kHz
16 m	17,75...17,85 MHz	16,90...16,81 m	100 kHz
13 m	21,45...21,75 MHz	13,91...13,79 m	300 kHz

● UKW-Rundfunk (Band 2
87,5...104 MHz Kanalbreite ca. 250 kHz

● Fernseh-Kabelkanäle
105...168 MHz untere Kanäle
281...294 MHz obere Kanäle

5.4 Amateurfunkbereiche

● Kurzwelle

Band	Frequenz
160 m	1 815– 1 835 kHz
80 m	3 500– 3 800 kHz
40 m	7 000– 7 100 kHz
30 m	10 100–10 150 kHz
20 m	14 000–14 350 kHz
17 m	18 068–18 168 kHz
15 m	21 000–21 450 kHz
12 m	24 890–24 990 kHz
10 m	28–29,7 MHz

● VHF und UHF

Band	Frequenz
2 m	144 – 146 MHz
70 cm	430 – 440 MHz
23 cm	1240 –1300 MHz

Band	Frequenz
12 cm	2320 –2450 MHz
9 cm	3400 –3475 MHz
5 cm	5650 –5850 MHz
3 cm	10 –10,5 GHz
1,2 cm	24 –24,05 GHz
6 mm	47 – 47,2 GHz
4 mm	76 – 81 GHz
2,5 mm	119,98– 120,02 GHz
2 mm	142 – 149 GHz
1,2 mm	241 – 250 GHz

5.5 CB-Funk-Frequenzen

Frequenz	Kanal	Frequenz	Kanal
26 965 kHz	1	27 215 kHz	21
26 975 kHz	2	27 225 kHz	22
26 985 kHz	3	27 255 kHz	23
27 005 kHz	4	27 235 kHz	24
27 015 kHz	5	27 245 kHz	25
27 025 kHz	6	27 265 kHz	26
27 035 kHz	7	27 275 kHz	27
27 055 kHz	8	27 285 kHz	28
27 065 kHz	9	27 295 kHz	29

Frequenz	Kanal	Frequenz	Kanal
27 075 kHz	10	27 305 kHz	30
27 085 kHz	11	27 315 kHz	31
27 105 kHz	12	27 325 kHz	32
27 115 kHz	13	27 335 kHz	33
27 125 Hz	14	27 345 kHz	34
27 135 kHz	15	27 355 kHz	35
27 155 kHz	16	27 365 kHz	36
27 165 kHz	17	27 375 kHz	37
27 175 kHz	18	27 385 kHz	38
27 185 kHz	19	27 395 kHz	39
27 205 kHz	20	27 405 kHz	40

5.6 Kanalaufteilung Band II (UKW 87,5...104 MHz)

Kanal	MHz	Kanal	MHz	Kanal	MHz	
2	87,6	21	93,3	40	99,0	
3	87,9	22	93,6	41	99,3	
4	88,2	23	93,9	42	99,6	
5	88,5	24	94,2	43	99,9	Frequenzraster:
6	88,8	25	94,5	44	100,2	+ 100 kHz/Kanal
7	89,1	26	94,8	45	100,5	
8	89,4	27	95,1	46	100,8	K2 nur + 100 kHz
9	89,7	28	95,4	47	101,1	
10	90,0	29	95,7	48	101,4	Beispiel:
11	90,3	30	96,0	49	101,7	88,7
12	90,6	31	96,3	50	102,0	K6 { 88,8
13	90,9	32	96,6	51	102,3	88,9
14	91,2	33	96,9	52	102,6	
15	91,5	34	97,2	53	102,9	
16	91,8	35	97,5	54	103,2	
17	92,1	36	97,8	55	103,5	
18	92,4	37	98,1	56	103,8	
19	92,7	38	98,4			
20	93,0	39	98,7			

5.7 Fernsteuerfrequenzen

Kanal	Fernsteuerfrequenzen 27 MHz (AM) Senderfrequenz	Empfängerfrequenz
1	26 965	26 510
2	26 975	26 520
3	26 985	26 530
4	26 995●	26 540
5	27 005	26 550
6	27 015	26 560
7	27 025	26 570
8	27 035	26 580
9	27 045●	26 590
10	27 055	26 600
11	27 065	26 610
12	27 075	26 620
13	27 085	26 630
14	27 095●	26 640
15	27 105	26 650
16	27 115	26 660
17	27 125	26 670
18	27 135	26 680
19	27 145●	26 690
20	27 155	26 700
21	27 165	26 710
22	27 17527	26 720
23	27 185	26 730
24	27 195●	26 740
25	27 205	26 750
26	27 215	26 760
27	27 225	26 770
28	27 235	26 780
29	27 245	26 790
30	27 255●	26 800
31	27 265	26 810
32	27 275	26 820

● Vorzugskanäle

Fernsteuerfrequenz 35 MHz (FM)		
Kanal	Senderfrequenz	Empfängerfrequenz
61	35 010	34 555
62	35 020	34 565
63	35 030	34 575
64	35 040	34 585
65	35 050	34 595
66	35 060	34 605
67	35 070	34 615
68	35 080	34 625
69	35 090	34 635
70	35 100	34 645
71	35 110	34 655
72	35 120	34 665
73	35 130	34 675
74	35 140	34 685
75	35 150	34 695
76	35 160	34 705
77	35 170	34 715
78	35 180	
79	35 190	34 735
80	35 200	34 745

Fernsteuerfrequenz 40 MHz (FM)		
Kanal	Senderfrequenz	Empfängerfrequenz
50	40 665	40 210
51	40 675	40 220
52	40 685	40 230
53	40 695	40 240

5.8 Aufteilung der Bereiche von 1 GHz...100 GHz

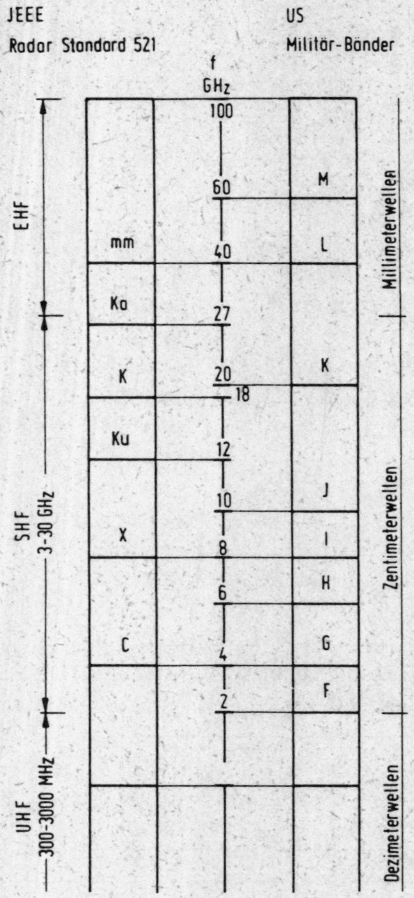

5.9 Spannungswerte für Rundfunk- und Fernsehempfang

Empfangsbereich	Mindestwerte Spannung an 75 Ω	Pegel dBμV
LW; MW; KW		
UKW – Band II	111,8 μV	40
UKW – Stereo	353 μV	50
VHF (Fernsehen) Band I	445 μV	52
VHF (Fernsehen) Band III	560 μV	54
UHF (Fernsehen) Band IV/V	791 μV	57

Empfangsbereich	Höchstwerte Spannung an 75 Ω	Pegel dBμV
LW; MW; KW	56 mV	94
UKW – Band II	11,18 mV	80
UKW – Stereo	11,18 mV	80
VHF (Fernsehen) Band I	17,72 mV	84
VHF (Fernsehen) Band III	17,72 mV	84
UHF (Fernsehen) Band IV/V	17,72 mV	84

Das *Nomogramm* (S. 144) gibt eine Übersicht über den Spannungspegel von 1 μV an 60 Ω (dBμV–60 Ω) für Pegel an 75 Ω sind ≈ 1 dB zu addieren.

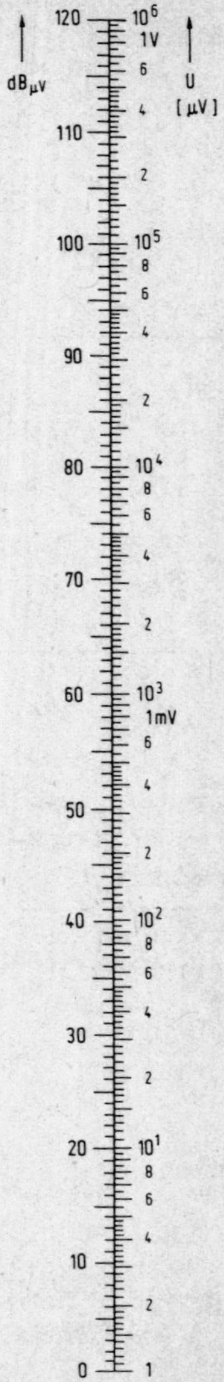
dBµV
U [µV]
120
110
100
90
80
70
60
50
40
30
20
10
0
10^6
1V
10^5
10^4
10^3
1mV
10^2
10^1
1

$$\text{Faktor } U = 1 \cdot 10^{-6} \cdot 10^{\frac{n}{20}} \qquad \text{für } 1\ \mu V \text{ an } 60\ \Omega$$

$$\text{Faktor } U = 1{,}118 \cdot 10^{-6} \cdot 10^{\frac{n}{20}} \qquad \text{für } 1{,}118\ \mu V \text{ an } 75\ \Omega;$$

bei gleicher Leistung von $1{,}66 \cdot 10^{-14}$ Watt $\triangleq$ 1 μV an 60 Ω.

U = gewünschte Spannung
n = Dämpfung in dB

5.10 Weltzeittabelle

West-Alaska, Samoa	Hawaii	Ost-Alaska	Pazifik-Standard-Zeit Los Angeles	Mountain-Stand.-Zeit Denver, Phoenix	Zentral-Standard-Zeit Chicago	Östliche Stand.-Zeit New York	Atlantische Stand.-Zeit Neu-Schottland	Grönland Rio de Janeiro	Azoren	Island	UTC/GMT London, Paris
13.00	14.00	15.00	16.00	17.00	18.00	19.00	20.00	21.00	22.00	23.00	00.00
14.00	15.00	16.00	17.00	18.00	19.00	20.00	21.00	22.00	23.00	00.00	01.00
15.00	16.00	17.00	18.00	19.00	20.00	21.00	22.00	23.00	00.00	01.00	02.00
16.00	17.00	18.00	19.00	20.00	21.00	22.00	23.00	00.00	01.00	02.00	03.00
17.00	18.00	19.00	20.00	21.00	22.00	23.00	00.00	01.00	02.00	03.00	04.00
18.00	19.00	20.00	21.00	22.00	23.00	00.00	01.00	02.00	03.00	04.00	05.00
19.00	20.00	21.00	22.00	23.00	00.00	01.00	02.00	03.00	04.00	05.00	06.00
20.00	21.00	22.00	23.00	00.00	01.00	02.00	03.00	04.00	05.00	06.00	07.00
21.00	22.00	23.00	00.00	01.00	02.00	03.00	04.00	05.00	06.00	07.00	08.00
22.00	23.00	00.00	01.00	02.00	03.00	04.00	05.00	06.00	07.00	08.00	09.00
23.00	00.00	01.00	02.00	03.00	04.00	05.00	06.00	07.00	08.00	09.00	10.00
00.00	01.00	02.00	03.00	04.00	05.00	06.00	07.00	08.00	09.00	10.00	11.00
01.00	02.00	03.00	04.00	05.00	06.00	07.00	08.00	09.00	10.00	11.00	12.00
02.00	03.00	04.00	05.00	06.00	07.00	08.00	09.00	10.00	11.00	12.00	13.00
03.00	04.00	05.00	06.00	07.00	08.00	09.00	10.00	11.00	12.00	13.00	14.00
04.00	05.00	06.00	07.00	08.00	09.00	10.00	11.00	12.00	13.00	14.00	15.00
05.00	06.00	07.00	08.00	09.00	10.00	11.00	12.00	13.00	14.00	15.00	16.00
06.00	07.00	08.00	09.00	10.00	11.00	12.00	13.00	14.00	15.00	16.00	17.00
07.00	08.00	09.00	10.00	11.00	12.00	13.00	14.00	15.00	16.00	17.00	18.00
08.00	09.00	10.00	11.00	12.00	13.00	14.00	15.00	16.00	17.00	18.00	19.00
09.00	10.00	11.00	12.00	13.00	14.00	15.00	16.00	17.00	18.00	19.00	20.00
10.00	11.00	12.00	13.00	14.00	15.00	16.00	17.00	18.00	19.00	20.00	21.00
11.00	12.00	13.00	14.00	15.00	16.00	17.00	18.00	19.00	20.00	21.00	22.00
12.00	13.00	14.00	15.00	16.00	17.00	18.00	19.00	20.00	21.00	22.00	23.00

MEZ Bonn, Rom	MESZ/OEZ Kairo, Moskau	Saudi-Arabien, Madagaskar	Iran, Mauritius	Bombay	Kalkutta	Thailand, Laos	Philippinen, Perth (Austr.)	Tokio	Sydney	Neuseeland	Int. Datums-Linie, Fidschi
01.00	02.00	03.00	04.00	05.00	06.00	07.00	08.00	09.00	10.00	11.00	12.00
02.00	03.00	04.00	05.00	06.00	07.00	08.00	09.00	10.00	11.00	12.00	13.00
03.00	04.00	05.00	06.00	07.00	08.00	09.00	10.00	11.00	12.00	13.00	14.00
04.00	05.00	06.00	07.00	08.00	09.00	10.00	11.00	12.00	13.00	14.00	15.00
05.00	06.00	07.00	08.00	09.00	10.00	11.00	12.00	13.00	14.00	15.00	16.00
06.00	07.00	08.00	09.00	10.00	11.00	12.00	13.00	14.00	15.00	16.00	17.00
07.00	08.00	09.00	10.00	11.00	12.00	13.00	14.00	15.00	16.00	17.00	18.00
08.00	09.00	10.00	11.00	12.00	13.00	14.00	15.00	16.00	17.00	18.00	19.00
09.00	10.00	11.00	12.00	13.00	14.00	15.00	16.00	17.00	18.00	19.00	20.00
10.00	11.00	12.00	13.00	14.00	15.00	16.00	17.00	18.00	19.00	20.00	21.00
11.00	12.00	13.00	14.00	15.00	16.00	17.00	18.00	19.00	20.00	21.00	22.00
12.00	13.00	14.00	15.00	16.00	17.00	18.00	19.00	20.00	21.00	22.00	23.00
13.00	14.00	15.00	16.00	17.00	18.00	19.00	20.00	21.00	22.00	23.00	00.00
14.00	15.00	16.00	17.00	18.00	19.00	20.00	21.00	22.00	23.00	00.00	01.00
15.00	16.00	17.00	18.00	19.00	20.00	21.00	22.00	23.00	00.00	01.00	02.00
16.00	17.00	18.00	19.00	20.00	21.00	22.00	23.00	00.00	01.00	02.00	03.00
17.00	18.00	19.00	20.00	21.00	22.00	23.00	00.00	01.00	02.00	03.00	04.00
18.00	19.00	20.00	21.00	22.00	23.00	00.00	01.00	02.00	03.00	04.00	05.00
19.00	20.00	21.00	22.00	23.00	00.00	01.00	02.00	03.00	04.00	05.00	06.00
20.00	21.00	22.00	23.00	00.00	01.00	02.00	03.00	04.00	05.00	06.00	07.00
21.00	22.00	23.00	00.00	01.00	02.00	03.00	04.00	05.00	06.00	07.00	08.00
22.00	23.00	00.00	01.00	02.00	03.00	04.00	05.00	06.00	07.00	08.00	09.00
23.00	00.00	01.00	02.00	03.00	04.00	05.00	06.00	07.00	08.00	09.00	10.00
00.00	01.00	02.00	03.00	04.00	05.00	06.00	07.00	08.00	09.00	10.00	11.00

5.11 Q-Schlüssel für den Funkverkehr

QRA	Der Name meiner Station ist
QRB	Ich bin . . . von Ihnen entfernt
QRG	Ihre genaue Frequenz ist . . .
QRH	Ihre Frequenz schwankt
QRI	Ihr Ton ist . . . 1: gut 2: veränderlich 3: schlecht
QRJ	Ich habe . . . Gesprächsanmeldungen vorliegen
QRK	Die Lesbarkeit Ihrer Zeichen ist . . . 1: schlecht 2: mangelhaft 3: ausreichend 4: gut 5: ausgezeichnet
QRL	Bitte nicht stören. Ich bin beschäftigt.
QRM	Ich werde gestört . . . 1: nicht 2: schwach 3: mäßig 4: stark 5: sehr stark
QRN	Ich werde durch atmosphärische Störungen beeinträchtigt . . . 1: nicht 2: schwach 3: mäßig 4: stark 5: sehr stark
QRO	Erhöhen Sie die Sendeleistung
QRP	Vermindern Sie die Sendeleistung
QRQ	Bitte geben Sie schneller
QRS	Bitte geben Sie langsamer
QRT	Stellen Sie die Übermittlung ein
QRU	Ich habe nichts für Sie
QRV	Ich bin bereit
QSA	Ihre Zeichen sind . . . 1: kaum hörbar 2: schwach hörbar 3: ziemlich gut hörbar

	4: gut hörbar
	5: sehr gut hörbar
QSB	Die Stärke Ihrer Zeichen schwankt
QSD	Ihr Geben ist mangelhaft
QSK	Ich kann Sie zwischen meinen Zeichen hören. Sie dürfen mich während der Übermittlung unterbrechen.
QSL	Ich gebe Ihnen Empfangsbestätigung
QSM	Wiederholen Sie bitte Ihre Übermittlung
QSN	Ich habe Sie auf . . . kHz gehört
QSO	Ich habe direkte Verbindung mit . . .
QSQ	Ich habe einen Arzt an Bord
QSV	Senden Sie eine Reihe V auf dieser Frequenz
QSW	Ich werde auf der jetzigen Frequenz senden
QSY	Gehen Sie zum Senden auf eine andere Frequenz über
QSZ	Geben Sie bitte jedes Wort zweimal
QTH	Mein Standort ist . . . Breite, . . . Länge . . .
QTJ	Meine Geschwindigkeit ist . . .
QTN	Ich habe . . . um . . . Uhr verlassen
QTQ	Ich werde mit Ihrer Funkstelle unter Benützung des Internationalen Signalbuches verkehren
QTR	Es ist genau . . . Uhr
QUA	Hier sind die Nachrichten von . . .
QUB	Hier sind die erbetenen Auskünfte
QUE	Ich kann in . . . auf . . . kHz (MHz) in Sprechfunk antworten
QUH	Der augenblickliche Luftdruck, auf Meereshöhe bezogen, ist . . .
QUM	Die normale Arbeit kann wieder aufgenommen werden
QUN	Mein Standort, mein rechtweisender Kurs und meine Geschwindigkeit sind . . .
QUO	Suchen Sie in der Nähe von . . . Breite, . . . Länge nach . . .
	1: Luftfahrzeug
	2: Seefahrzeug
	3: Rettungsgerät
QUP	Mein Standort wird angegeben durch . . .
	1: Scheinwerfer
	2: schwarzen Rauch
	3: Leuchtraketen

QUT	Die Unfallstelle ist markiert durch . . . 1: Flammen- oder Rauchsignal 2: schwimmendes Zeichen 3: gefärbtes Wasser 4: . . .

5.12 Abkürzungen im Amateurfunkverkehr

ABT	ungefähr
AC	Wechselstrom
ADS	Adresse
AER	Antenne
AF	Niederfrequenz
AFC	automatische Frequenznachstellung
AGC	automatische Verstärkungsregelung
AGN	wieder
AM	Amplitudenmodulation
ANI	irgendein
ANL	selbsttätige Störbegrenzung
ANS	Antwort
ANT	Antenne
ARTOB	Ballon-Frequenzumsetzer
ATV	Amateur-Fernsehen
AVC	automatische Schwundregelung
AWH	Auf Wiederhören
AWS	Auf Wiedersehen
BC	Rundfunk
BCI	Radiostörung
BCL	Rundfunkhörer
BCNU	Freue mich, Sie wieder zu treffen
BCP	viel
BCUZ	weil
BD	schlecht
BFO	Telegrafieüberlagerer
BJR	Guten Tag
BK	unterbrechen Sie
BN	gewesen oder zwischen
BM	Gute Nacht
BPM	Zeichen pro Minute
BS	Rückwärtsstreuung
BSR	Guten Abend
BTE	bitte

BTR	besser
BTWN	zwischen
BU	Pufferstufe
B4	vor
CA	Rufzeichen
CC	quarzgesteuert
CET	Mitteleuropäische Zeit MEZ
CFM	bestätigen Sie
CK	kontrollieren Sie
CKT	Schaltung
CL	ich schließe meine Station
CLD	gerufen
CLG	rufend
CO	Kristalloszillator
CONDX	Ausbreitungsbedingungen
CONGRATS	Glückwünsche
CQ	allgemeiner Anruf
CRD	QSL Karte
CUAGN	Auf Wiederhören
CUD	konnte
CUL	Auf Wiederhöhren
CUM	kommen Sie
CW	ungedämpfte Welle, Telegrafie
DC	Gleichstrom
DCCW	Sender mit Gleichstrom an der Anode
DE	von
DK	Danke
DR	liebe(r)
DS	danke sehr
DSW	Auf Wiederhören
DX	große Entfernung
EB	warten
ECO	elektronengekoppelter Oszillator
EME	Erde – Mond – Erde
ENUF	genug
ERE	hier
ES	und
EX	ehemals
EXCUS	entschuldigen Sie
FB	ausgezeichnet
FD	Frequenzverdoppler
FF	frohes Fest
FM	Frequenzmodulation
FONE	Radiotelefonie
FR	für

FRM	von
FRD	Freund
FREQ	Frequenz
FS	Vorwärtsstreuung
FSK	Frequenzschubtastung
GA	beginnen Sie
GA	Guten Abend
GB	Auf Wiedersehen
GD	Guten Tag
GE	Guten Abend
GG	ich werde
GL	Viel Glück
GLD	erfreut
GM	Guten Morgen
GMT	Mittlere Greenwich-Zeit
GN	Gute Nacht
GND	Erde
GT	Guten Tag
GUD	gut
HAM	Kurzwellenamateur
HF	Hochfrequenz
HI	ich lache
HP	große Leistung
HPE	ich hoffe
HR	hier oder ich höre
HRD	gehört
HRX	glücklich
HT	Hochspannung
HV	ich habe
HVNT	habe(n) nicht
HW	wie
HWS	wie ist
HWSAT	wie ist das?
HZL	herzlich
I	ich
ICW	ungedämpft tönende Wellen
IF	Zwischenfrequenz
INFO	Auskunft
INPT	Eingangsleistung
ITV	Störungen durch Fernsehen
K	senden Sie
KA	Achtung, ich beginne
KC	Kilohertz
KMD	Kamerad
KNW	ich weiß

KY	Taste
LBR	lieber
LF	Niederfrequenz
LID	schlechter Funker
LIL	wenig
LIS	lizenziert
LOG	Logbuch
LP	Verbindung über einen weiten Ausbreitungsweg
LSB	unteres Seitenband
LSN	hören Sie
LTR	Brief
LUF	niedrigste brauchbare Frequenz
LW	niedrig
MB	Reflexion am Mond
MC	Megahertz
MCI	danke
MEZ	Mitteleuropäische Zeit
MHZ	Megahertz
MI	mein
MIN	Minuten
MNI	viele
MO	Steuersender
MOD	Modulation
MOPA	fremdgesteuerter Sender
MRI	fröhlich
MS	Reflexion an Meteorbahn
MSG	Meldung
MTR	Meter
MUF	höchste brauchbare Frequenz
N	Neun
NA	Guten Abend
ND	nicht möglich
NBFM	Schmalband-Frequenzmodulation
NG	nicht gut
NIL	nichts
NITE	Nacht
NM	nichts mehr
NR	in der Nähe von
NR	Nummer
NW	jetzt
OB	alter Junge
WSEM	allgemeiner Anruf
WUD	ich würde, ich wollte
WVL	Wellenlänge

WX	Wetter
XCUS	entschuldigen Sie
XMAS	Weihnachten
XMSN	Sendung
XMTR	Sender
XTAL	Quarz
XYL	Ehefrau
YDAY	gestern
YL	Fräulein
YR	Jahr
YR	Ihr
Z	Mittlere Greenwich-Zeit (GMT)
2NITE	heute nacht
2	zu
4	für
33	freundschaftliche Grüße unter Funkerinnen
55	viel Erfolg
73	beste Grüße
88	Liebe und Küsse
99	verschwinde

5.13 Internationales Morse- und Buchstabieralphabet

Buchstabe	Zeichen	Buchstabe	Zeichen	Buchstabe	Zeichen	Zahlen
a	· —	j	· — — —	s	· · ·	1 · — — — —
b	— · · ·	k	— · —	t	—	2 · · — — —
c	— · — ·	l	· — · ·	u	· · —	3 · · · — —
d	— · ·	m	— —	v	· · · —	4 · · · · —
e	·	n	— ·	w	· — —	5 · · · · ·
f	· · — ·	o	— — —	x	— · · —	6 — · · · ·
g	— — ·	p	· — — ·	y	— · — —	7 — — · · ·
h	· · · ·	q	— — · —	z	— — · ·	8 — — — · ·
i	· ·	r	· — ·			9 — — — — ·
						0 — — — — —

·––––	'
–····–	-
–··–·	/
–·––·	(
–·––·–	)
·–··–·	"
–···–	=
···–·	Verstanden
········	Irrung
·–·–·	+
–·–	Aufforderung zur Übermittlung
·–···	Warten

–··–·	Bruchstrich
·–··–	Trennung zwischen ganzer Zahl und Bruch
···–·–	Ende der Arbeit
–·–·–	Anfangszeichen; Strichpunkt
–··–	×
·–·–·–	.
––··––	,
–––···	:
··––··	?
·–·–·	Ende des Telegramms (Zeichen wie „+")

Ein Strich soll die Länge von drei Punkten haben, Abstand zwischen den Teilen eines Zeichens ist eine Punktlänge zwischen zwei Zeichen drei Punktlängen, zwischen zwei Worten fünf Punktlängen. Durchschnittliches Betriebstempo 80 bis 120 Buchstaben je Minute.

Buchstabier-Alphabet (international)

A	Alpha	H	Hotel	O	Oscar	V	Victor
B	Bravo	I	India	P	Papa	W	Whiskey
C	Charly	J	Juliett	Q	Quebec	X	X-ray
D	Delta	K	Kilo	R	Romeo	Y	Yankee
E	Echo	L	Lima	S	Sierra	Z	Zulu
F	Foxtrott	M	Mike	T	Tango		
G	Golf	N	November	U	Uniform		

5.14 Der RST-Code im Amateurfunkverkehr

R	R Verständlichkeit (readability)
1	nicht lesbar
2	zeitweise lesbar
3	schwer lesbar
4	lesbar
5	gut lesbar
6	gute Lautstärke
7	im Kopfhörer unangenehm laut
8	gute Lautsprecherlautstärke
9	sehr gute Lautsprecherlautstärke

S	**S Lautstärke (signal strength)**
1	kaum hörbar
2	sehr schwache Lautstärke
3	schwache Lautstärke
4	genügend hörbar
5	gut hörbar
T	**T Modulation (ton quality)**
1	unverständliche Modulation
2	schlechte Modulation
3	schlechte Modulation (teilweise FM-Modulation)
4	Übermodulation
5	gute Modulation, nicht über 100 %